Topos plus **Taschenbücher**
Band 552

Josef Gelmi

Die Päpste

in Kurzbiographien
Von Petrus bis Benedikt XVI.

Topos plus Taschenbücher

Topos plus Verlagsgemeinschaft

Butzon & Bercker, Kevelaer | Don Bosco, München
Echter, Würzburg | Verlag Katholisches Bibelwerk, Stuttgart
Lahn-Verlag, Limburg Kevelaer | Matthias-Grünewald-Verlag, Mainz
Paulusverlag, Freiburg Schweiz | Friedrich Pustet, Regensburg
Tyrolia, Innsbruck Wien

verlags gruppe engagement

Bibliografische Information der Deutschen Bibliothek

Die Deutsche Bibliothek verzeichnet diese Publikation in der Deutschen Nationalbibliografie; detaillierte bibliografische Daten sind im Internet über http://dnb.ddb.de abrufbar.

2. erweiterte Auflage 2005
2005 Verlagsgemeinschaft Topos plus, Kevelaer

Einband- und Reihengestaltung:
Akut Werbung GmbH, Dortmund
Satz: Schröder Media, Dernbach
Herstellung: Pustet, Regensburg
Printed in Germany

Topos plus – Bestellnummer: 3-7867-8552-X
www.topospius.de

Inhaltsverzeichnis

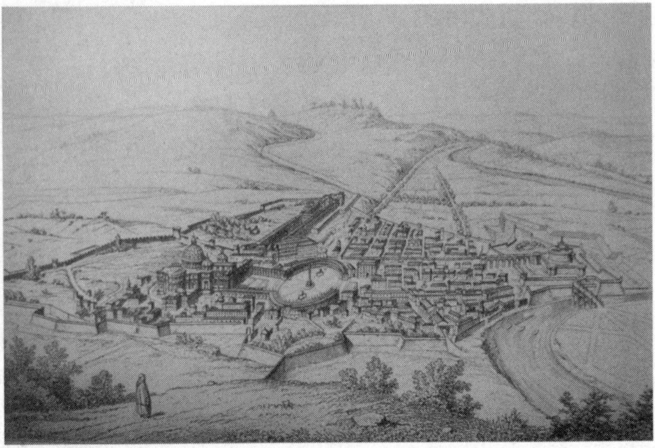

Das Viertel von St. Peter (Leostadt) mit dem Petersdom und dem Vatikan. Hier fand nach der Tradition das Martyrium des Apostel Petrus, des ersten Bischofs von Rom, statt. Unter dem Hochaltar der Peterskirche befindet sich das Petrusgrab. Die Geschichte des Papsttums ist mit diesem Areal mit seinen beeindruckenden Bauwerken und Kunstgegenständen aufs engste verbunden.

Einleitung

Das Papsttum ist die einzige Institution der Welt, welche die Zeit der Apostel mit jener des Internet verbindet. Es hat mächtige Reiche, bedeutende Völker und viele Ideologien erlebt und überlebt. Vielen erscheint es als geniales Werk menschlicher Klugheit, anderen als Walten Gottes auf Erden. Deshalb fasziniert und begeistert es Gläubige und Ungläubige und beschäftigt immer wieder Historiker und Schriftsteller aus aller Welt. Nach katholischem Verständnis ist der Papst der Nachfolger des hl. Petrus. Er ist das Zeichen der Einheit in der Kirche und besitzt nicht nur einen Ehrenvorrang, sondern übt als oberster Lehrer, Priester und Gesetzgeber einen „Jurisdiktionsprimat“ aus. Wenn er unter Einsatz seiner Vollgewalt eine Glaubens- oder Sittenlehre als allgemein und verbindlich verkündet, ist er auch unfehlbar.

Von den Nachfolgern des hl. Petrus in den ersten Jahrhunderten wissen wir außer den Namen herzlich wenig. Bischof Irenäus von Lyon († um 202) hat uns als erster eine Liste der römischen Bischöfe bis Eleutherus in seinem um 180 geschriebenen Werk *Adversus haereses* überliefert. Diese Liste dürfte, vor allem was die erste Zeit betrifft, eine Rückschau auf profilierte Persönlichkeiten der römischen Gemeinde sein, die zunächst kollegial geleitet wurde. Die römische Gemeinde spielte schon in frühester Zeit eine herausragende Rolle. Die Bischofsliste des hl. Irenäus enthält keine Regierungsdaten. Erst Eusebius von Cäsarea († 339) machte den Versuch, die Daten der Leiter der römischen Gemeinde mit denen der römischen Kaiser zu synchronisieren. Dann hat der sogenannte *Catalogus Liberianus*, der um 354 entstanden ist, diese Arbeit fortgesetzt und noch die Monats- und Tagesdaten hinzugefügt.

Die Entfaltung des Papsttums vom bescheidenen Petrusamt bis zur heutigen Form vollzog sich nur allmählich und nicht geradlinig, sondern unter erheblichen Widerständen, die sowohl von innen als auch von außen kamen. Dieser Aufstieg hätte auch ganz anders verlaufen können und war weitgehend von kontingenten Faktoren und historischen Persönlichkeiten abhängig. Diese Form von Papsttum, die römische Kurie und das Kardinalskollegium gehören deshalb auch nicht zum

Wesen der Kirche, sie sind geschichtlich geworden, sie können auch wieder vergehen. Die nicht römisch-katholischen Christen erkennen diesen Nachfolger des hl. Petrus bis heute nicht an. Ja gerade der Papst stellt das größte Hindernis auf dem Wege der Einheit dar.

Dieser Band möchte eine wissenschaftlich fundierte, aber leicht lesbare kurze Geschichte der Päpste für jedermann bieten. Um der steigenden Bedeutung des Papsttums gerecht zu werden, wurden die älteren Papstbilder eher kurz gefaßt und den Päpsten der neuen und neuesten Zeit mehr Raum gewidmet. Weil die Historiker von manchem der etwa 300 Nachfolger des hl. Petrus nicht genau sagen können, ob sie rechtmäßige Päpste oder Gegenpäpste waren, wurden die wirklichen oder vermeintlichen Gegenpäpste meist mit jenen Päpsten behandelt, welche die Liste des *Annuario Pontificio* als offizielle Päpste anführt. Dasselbe gilt auch von der Päpstin Johanna, die angeblich 855 den päpstlichen Thron bestiegen haben soll.

Mein herzlichster Dank gebührt Frau Anna Pia Happacher für die Korrektur des Manuskripts und Herrn Privatdozenten Dr. Gerhard Hartmann vom Verlag der Topos plus Taschenbücher für die gute Zusammenarbeit, die es ermöglichte, die Veränderungen vom April 2005 zu berücksichtigen.

Brixen,
am 21. April 2005 — Josef Gelmi

Die Päpste der Antike

Von Petrus bis Gregor dem Großen
Bis 604

Petrus † 67 (?)

Heilig. Fest: 29. Juni.

Petrus war der Sohn des Jona (Johannes) aus Bethsaida und hieß Simon. Wie sein Bruder Andreas war er Fischer. Er war verheiratet und wohnte später in Kapharnaum.

Pflichtbewußt und impulsiv, zerfahren und labil nahm er schon im Kreis der zwölf Apostel eine bevorzugte Stellung ein. Von entscheidender Bedeutung war, daß er von Jesus den Beinamen Petrus bekam, der den Grundstein der Kirche bezeichnete. Bei der Gefangennahme seines Herrn spielte er eine unglückliche Rolle, da er ihn dreimal verleugnete. Seit der Erscheinung des Auferstandenen nahm die Bedeutung des Petrus zu. Sicher ist, daß er um das Jahr 48 am Apostelkonzil in Jerusalem teilnahm, wo die Freiheit der Heidenchristen vom mosaischen Gesetz festgeschrieben wurde. Anschließend ist seine Anwesenheit in Antiochien bezeugt. Durch seine schwankende Haltung kam es dort zu einem heftigen Zusammenstoß mit dem hl. Paulus.

Daß Petrus zuletzt in Rom war und dort zwischen 64 und 67 das Martyrium erlitt, ist in der Überlieferung gut belegt, so daß die meisten Historiker den Aufenthalt und das Martyrium Petri in der Ewigen Stadt als gesichert ansehen. In diese Richtung weist vor allem der 1. Clemensbrief, der um das Jahr 96 entstanden ist. Im Lichte der Annalen von Tacitus gelesen, deutet er auf das Martyrium von Petrus und Paulus in Rom während der Neronianischen Verfolgung hin. Auch das Schreiben, das Ignatius von Antiochien auf seiner Reise nach Rom um 112 an dessen Bewohner richtete, weiß um die bedeutende Rolle, die Petrus und Paulus in dieser Stadt inne hatten. Schließlich setzt auch der zwischen 70 und 110 entstandene 1. Petrusbrief, der in Babylon, d. h. wohl in Rom entstanden ist, einen Romaufenthalt des Petrus voraus.

Wenn auch die Ausgrabungen unter der Confessio der Peterskirche in den Jahren 1940–1949 unter der Leitung des ehemaligen Zentrumsführers Prälat Ludwig Kaas die Gebeine des Apostelfürsten nicht mit Sicherheit zutage gefördert haben, so konnten sie doch das vom Priester Gaius um 200 erwähnte Tropaion (Grabmal) am Vatikan nachweisen und den Schluß erlauben, daß es sich bei dieser bedeutenden Grabstelle nur um das Petrusgrab handeln kann. Hinzu kommt, daß es keine konkurrierende Überlieferung gibt. Margherita Guarducci, die in den fünfziger Jahren neue Studien über die im Bereich der Grabstelle gefundenen Gebeine sowie über die Erd- und Stoffreste machte, glaubte, die Petrusreliquien entdeckt zu haben. Mit viel Einsatz versuchte sie zu beweisen, wie diese Gebeine aus dem ursprünglichen Erdgrab in ein schräg darüber liegendes Geheimfach gelangt sind. Ob es sich wirklich um die Gebeine des hl. Petrus handelt, muß man nach wie vor offen lassen.

Linus 67–79 (?)

Heilig. Fest: 23. September.

Die Papstkataloge des Irenäus von Lyon († um 202) und des Eusebius von Cäsarea († 339) führen Linus als Nachfolger des Petrus an. Irenäus schreibt: „Die seligen Gründerapostel übertrugen dem Linus das bischöfliche Amt. Diesen Linus erwähnt Paulus in den Briefen an Timotheus." Nach dem *Liber Pontificalis*, der im 6. Jh. entstandenen und später mehrmals ergänzten Sammlung von Papstbiographien, soll Linus aus Tuszien stammen und Schüler des Petrus gewesen sein. Im Kanon der Messe wird Linus nicht genannt. Wie die meisten Nachfolger des Petrus der ersten Jahrhunderte wird Linus als Heiliger verehrt.

Anaklet I. (Anenkletus) 79–91 (?)

Heilig. Fest: 26. April.

Der ältesten römischen Bischofsliste des Irenäus von Lyon zufolge soll Anaklet der zweite Nachfolger des Petrus gewesen sein. Schon früh wurde Anaklet auch Cletus genannt. Er dürfte unter Kaiser Domitian das Martyrium erlitten haben.

Clemens I. 91–101 (?)
Heilig. Fest: 23. November.

Irenäus zählte Clemens als dritten Nachfolger des Petrus. Wörtlich schreibt der Bischof von Lyon: „Darauf an dritter Stelle nach den Aposteln erhält Clemens das Bischofsamt, der auch die seligen Apostel selbst sah und mit ihnen Umgang pflegte. Als unter ihm ein nicht geringer Aufruhr unter den Brüdern in Korinth entstand, sandte die Kirche eine Schrift an die Korinther." Wenn Clemens als historische Gestalt auch nicht mehr ganz rekonstruierbar ist, so ist der von ihm verfaßte *1. Clemensbrief* doch ein Dokument ersten Ranges. Das Schreiben, das vor allem die in der Gemeinde von Korinth ausgebrochenen Unruhen beilegen will, erfreute sich in der alten Kirche größter Wertschätzung und fand auch entsprechende Verbreitung. Noch um 170 wurde es in Korinth beim Gottesdienst vorgelesen. Der Legende nach hat Clemens das Martyrium erlitten. Er soll mit einem Anker um den Hals in das Schwarze Meer versenkt worden sein. Im 4. Jh. hat man ihm in Rom eine Kirche geweiht, die beim Einfall der Normannen 1084 unter Robert Guiscard zerstört worden ist. Auf ihrem Platz ließ dann Papst Paschalis II. 1108 die heutige Kirche S. Clemente bauen. Die Reliquien des Clemens soll der Slawenapostel Kyrillos († 869) nach Rom gebracht haben.

Evaristus 101–107 (?)
Heilig. Fest: 26. Oktober.

Nach der ältesten römischen Sukzessionsliste soll Evaristus der vierte Nachfolger des Petrus gewesen sein. Der *Liber Pontificalis* nennt ihn Sohn eines hellenistischen Juden aus Bethlehem. Er dürfte wie seine Vorgänger unter den Episkopen (Presbytern) Roms, die damals wohl kollegial die Gemeinde geleitet haben, eine herausragende Stellung bekleidet haben.

Alexander I. 107–116 (?)
Heilig. Fest: 3. Mai.

Alexander folgte nach der Bischofsliste des Irenäus auf Evaristus und war der fünfte Nachfolger Petri. Über sein Leben ist sonst nichts bekannt.

Sixtus I. 116–125 (?)

Heilig. Fest: 6. April.

Nach den ältesten römischen Bischofslisten war Sixtus, der in den ursprünglichen Texten Xystus genannt wird, der Nachfolger Alexanders I. Ansonsten ist uns über sein Leben nichts bekannt.

Telesphorus 125–138 (?)

Heilig. Fest: 5. Januar.

Irenäus von Lyon schreibt in seinem römischen Sukzessionskatalog: „... und nach ihm (Sixtus) Telesphorus, der auch ruhmvolles Zeugnis ablegte." Demnach dürfte Telesphorus das Martyrium erlitten haben. Da sich damals in Rom der Monepiskopat noch nicht voll durchgesetzt hatte, war Telesphorus wohl ein herausragendes Mitglied des Leitungskollegiums der römischen Gemeinde. Irenäus nennt Telesphorus noch einmal in einem an Bischof Viktor um 195 geschriebenen Brief. Darin erwähnt er Telesphorus als einen vor Soter wirkenden Presbyter, der sich großzügig gegenüber anderen gezeigt hat.

Hyginus 138–142 (?)

Heilig. Fest: 11. Januar.

Hyginus war nach Irenäus von Lyon der achte Nachfolger Petri. Zur Zeit des Hyginus kamen, wie Irenäus auch schreibt, die Gnostiker Kerdon und Valentin nach Rom. Der *Liber Pontificalis* berichtet, daß Hyginus aus Athen stammte und sich mit Philosophie beschäftigte.

Pius I. 142–155

Heilig. Fest: 11. Juli.

Nach der Bischofsliste des Irenäus war Pius der neunte Nachfolger Petri. Unter ihm dürfte sich der Monepiskopat in Rom allmählich durchgesetzt haben. Pius war nach dem Kanonverzeichnis des Muratori ein Bruder des Hermas. Dieser gab eine schwer deutbare Schrift mit dem Titel *Der Hirt* heraus, die von der Möglichkeit einer zweiten Buße nach der Taufe spricht. Unter Pius traten in Rom verschiedene Gnostiker auf, unter denen vor allem Markion zu nennen ist, der 144 aus der Kirche ausgeschlossen wurde.

Anicet 155–166 (?)

Syrer. Heilig. Fest: 17. April.

Laut Irenäus war Anicet der zehnte Nachfolger des Petrus. Unter ihm dürfte sich der Monepiskopat in der römischen Gemeinde definitiv durchgesetzt haben. Anicet stammte, nach dem *Liber Pontificalis*, aus Emesa in Syrien. Unter ihm kam Polykarp von Smyrna, einer der angesehensten Bischöfe Kleinasiens, nach Rom, um über den Ostertermin zu verhandeln. Während die Kleinasiaten das Hochfest am 14. Nisan feierten, begingen es die Christen im Westen am darauffolgenden Sonntag. Über den Verlauf der Verhandlungen, die auch heute noch in Konfliktfällen zwischen Rom und den Bischöfen als Vorbild dienen könnten, schrieb Irenäus: „Als der selige Polykarp unter Anicet in Rom weilte und zwischen ihnen wegen einiger anderer Fragen kleine Differenzen entstanden waren, schlossen sie sogleich Frieden … Trotz dieser Differenzen blieben beide in Gemeinschaft. Und Anicet gestattete dem Polykarp in seiner Kirche die Feier der Eucharistie. Und im Frieden schieden sie voneinander."

Damals wirkte auch Justinus in Rom, der aus Samaria stammte, ein bedeutender Apologet war und um 165 seines Glaubens wegen unter Kaiser Mark Aurel (161–180) enthauptet wurde.

Soter 166–174 (?)

Aus Kampanien. Heilig. Fest: 22. April.

In der Bischofsliste des Irenäus wird Soter als Nachfolger des Anicet genannt. Der *Liber Pontificalis* weiß, daß er aus Kampanien stammte. Soter, der einer löblichen Sitte seiner Vorgänger folgte, war der Gemeinde von Korinth gegenüber sehr großzügig, wie aus einem Schreiben des Bischofs dieser Stadt, Dionysius, an die Römer hervorgeht: „Euer heiliger Bischof Soter hat diesen Brauch nicht nur festgehalten, er hat ihn auch noch erweitert, sofern er sowohl reichliche Gaben an die Heiligen verteilt als auch die (nach Rom) kommenden Brüder wie ein liebender Vater mit frommen Worten tröstet."

Eleutherus 174–189 (?)

Grieche. Heilig. Fest: 26. Mai.

Nach dem *Liber Pontificalis* stammte Eleutherus aus Nikopolis in Griechenland. Unter Papst Anicet hatte er in Rom das Amt eines Diakons inne. Hegesipp, ein Zeitgenosse des Eleutherus, der die Überlieferung in den apostolischen Gemeinden feststellen wollte, schrieb: „In Rom angekommen, stellte ich eine Bischofsfolge auf bis hin zu Anicet, dessen Diakon Eleutherus war. Auf Anicet folgte Soter und auf diesen Eleutherus. In jeder Stadt, wo ein Bischof auf den anderen folgte, entsprach das kirchliche Leben der Lehre des Gesetzes, der Propheten und des Herrn." Während der Christenverfolgung in Lyon im Jahre 177 überbrachte Irenäus ein Schreiben an Eleutherus, in dem es hieß: „Wir beten für dich, Vater Eleutherus, um Freude in Gott jetzt und immer. Unseren Bruder und Genossen Irenäus haben wir beauftragt, dieses Schreiben zu überbringen, daß du dich seiner annehmest wegen seines Eifers für den Bund Christi."

Viktor I. 189–199 (?)

Heilig. Fest: 28. Juli.

Der erste römische Bischof, der besonders unangenehm auffiel, war Viktor. Der Kirchenvater Hieronymus († 420) läßt ihn einen Lateiner sein. Nach dem *Liber Pontificalis* hingegen war er Afrikaner.

Im Zuge des schon unter Anicet mit Bischof Polykarp von Smyrna diskutierten Osterfeststreites wollte Viktor zur Exkommunikation der kleinasiatischen Gemeinden schreiten, weil sie sich unter Führung des Polykrates von Ephesus weigerten, das Osterfest wie in Rom und anderswo am Sonntag nach dem 14. Nisan zu feiern. Dieses schroffe Vorgehen stieß auf beträchtlichen Widerspruch. Bischof Irenäus von Lyon bestritt keineswegs das Recht des römischen Bischofs, diese Exkommunikation auszusprechen, wohl aber tadelte er ganz entschieden das barsche Vorgehen Viktors, das ihm in keinem Verhältnis zur Geringfügigkeit der Sache zu stehen schien. Im Namen der gallischen Brüder schrieb Irenäus, wobei er das Vorgehen Viktors mit dem seiner Vorgänger verglich: „Niemals wurden aus solchem Grunde Leute ausgeschlossen".

Eusebius von Cäsarea († 339), der Vater der Kirchengeschichtsschreibung, schrieb über Viktors Tun: „Doch nicht allen Bischöfen gefiel dieses Vorgehen Viktors … Noch sind die Briefe erhalten, in denen sie Viktor ziemlich scharf angreifen."

Zephyrinus 199–217 (?)

Römer. Beigesetzt: Calixtus-Katakombe, Rom. Heilig. Fest: 26. August.

Zephyrinus ist einer der ersten Bischöfe Roms, die durch ihre ungenügende Bildung die Kirche verunsichert haben. Während seiner Regierungszeit gab es in Rom heftige Auseinandersetzungen über die Trinitätslehre. Zephyrinus hat nun den sogenannten dynamischen Flügel der Monarchianisten verurteilt. Die sogenannte modalistische Lehre hat er jedoch begünstigt, indem er behauptete: „Ich kenne nur einen Gott Jesus Christus und außer ihm keinen, der geboren wurde und gelitten hat – nicht der Vater ist es, der gestorben ist, sondern der Sohn." Allem Anschein nach wollte Zephyrinus damit einerseits die Gottheit Christi betonen und anderseits den Unterschied zwischen Vater und Sohn bewahren. Man muß allerdings auch bedenken, daß es damals noch keine exakte Terminologie für dieses schwierige Kapitel gab. Da Zephyrinus in der oberirdischen Fläche der Calixtus-Katakombe seine Ruhestätte bekommen hatte, ist er der erste Bischof von Rom, von dem wir wissen, wo er begraben ist.

Calixtus I. 217 (?)–222

Römer. Beigesetzt: Katakombe des Calepodius, Rom. Heilig. Fest: 14. Oktober.

Für das Leben des Calixtus sind wir auf die wenig glaubwürdigen Aussagen seines gehässigen Gegners Hippolyt angewiesen, der durch die Wahl des Calixtus seine Hoffnung, selbst Papst werden zu können, enttäuscht sah. Damit kam es in Rom zu einem Schisma. Nach Hippolyt stammte Calixtus aus dem Sklavenstand. Nachdem Calixtus mit den Juden in Konflikt geraten war, wurde er 188 zur Minenarbeit nach Sardinien verbannt. Dank der Lieblingsfrau des Kaisers Commodus (180–192), die mit dem Christentum sympathisierte, kam er wieder frei. Unter Bischof Zephyrinus wurde Calixtus Verwalter der Begräbnisstätte der römischen Christengemeinde an der Via Appia Antica, die später nach ihm den Namen Calixtus-Katakombe bekam.

Den Vorwürfen Hippolyts nach soll er als Bischof Kleriker, die nach ihren Weihen geheiratet hatten, in ihrem Amt belassen und vornehmen Römerinnen erlaubt haben, Sklaven zu heiraten. Bei der Aufnahme von Häretikern in die Kirche habe er große Milde walten lassen. Wörtlich schrieb Hippolyt über Calixtus: „Ihr seht, bis zu welcher Gottlosigkeit dieser Mann ohne Gesetz fortschritt, indem er Hurerei und Mord in seiner Schule lehren ließ. Und das wagten sie die katholische Kirche zu nennen." Nach fünfjährigem Pontifikat starb Calixtus wahrscheinlich bei einem Volksauflauf in Trastevere und wurde in der nahegelegenen Katakombe des Calepodius an der Via Aurelia Antica beigesetzt.

Urban I. 222–230

Römer. Beigesetzt: Calixtus-Katakombe, Rom. Heilig. Fest: 25. Mai.

Unter Urban I. dauerte das Schisma des Hippolyt an. Nach dem *Martyrologium Hieronymianum* wurde Urban in der Calixtus-Katakombe begraben, wo man in der Tat eine griechische Inschrift mit diesem Namen gefunden hat. Da die Quellen über die Persönlichkeit und das Pontifikat Urbans I. schweigen, ist es nicht verwunderlich, daß sich viele Legenden über ihn gebildet haben. So soll Urban veranlaßt haben, den aufgefundenen Leichnam der hl. Cäcilia in der Calixtus-Katakombe zu bestatten. Auch verschiedene Weinregeln und Volksbräuche gehen auf Urban I. zurück. Da dessen Fest in die beginnende Rebenblüte fiel, wurde Urban vor allem in deutschen Landen der Patron der Winzer. Im Mittelalter rief man ihn gegen Gewitter, Gicht und Trunkenheit an. In guten Weinjahren stellte man seine Statue sogar in die Wirtshäuser und prostete ihm zu. Daher sah sich die kirchliche Autorität wiederholt gezwungen, gegen derlei Mißbräuche einzuschreiten.

Pontianus 230–235

Römer. Gewählt: 21. Juli 230. Abgedankt: 28. September 235. Gestorben: in Sardinien. Beigesetzt: Calixtus-Katakombe, Rom. Heilig. Fest: 13. August.

Pontianus hat in Rom eine Synode einberufen, welche die vom Bischof von Alexandrien betriebene Absetzung des Origenes bestätigte. Kaiser Maximinus Thrax (235–238) beendete das unter Calixtus in Rom entstandene Schisma und schickte Pontianus und den Gegenbischof Hippolyt in die Verbannung nach Sardinien, wo beide bald darauf starben. Um den Weg für einen Nachfolger freizumachen, hatte Pontianus am 28. September 235 auf sein Bischofsamt verzichtet. Dies ist das erste gesicherte Datum der Papstgeschichte. Während Pontianus in der Calixtus-Katakombe beigesetzt wurde, wo der Archäologe Joseph Wilpert 1907 auch die Grabinschrift entdeckte, fand Hippolyt in dem nach ihm benannten Coemeterium an der Via Tiburtina seine letzte Ruhestätte.

Anterus 235–236

Grieche. Gewählt: 21. November 235. Gestorben: 3. Januar 236. Beigesetzt: Calixtus-Katakombe, Rom. Heilig. Fest: 3. Januar.

Der nach der Abdankung des Pontianus gewählte Anterus starb schon nach einigen Wochen. Die Geschichte kennt von ihm nur den Namen. Der *Liber Pontificalis* überliefert, daß er Grieche (natione Graecus) war. Anterus ist der erste Papst, der in der Papstgruft der Calixtus-Katakombe begraben wurde, die der Archäologe Giovanni De Rossi 1854 entdeckt hat. De Rossi hat auch die Inschrift des Anterus aufgefunden, die lautet: „ANTEROS EPI."

Fabianus 236–250

Römer. Gewählt: 10. Januar 236. Gestorben: 20. Januar 250. Beigesetzt: Calixtus-Katakombe, Rom. Heilig. Fest: 20. Januar.

Der Vater der Kirchengeschichtsschreibung, Eusebius von Cäsarea († 339) beschrieb die legendäre Wahl dieses Papstes: „Plötzlich soll da vom Himmel eine Taube herab geflogen sein und sich auf das Haupt des Fabianus niedergelassen haben, gemahnend an den Heiligen Geist, der in Gestalt einer Taube auf den Erlöser herabgestiegen war. Daraufhin habe das ganze Volk wie von dem einen göttlichen Geist getrieben in aller Begeisterung und einstimmig ‚Würdig' gerufen und ihn ohne Zögern ergriffen und auf den bischöflichen Thron erhoben."

Nach der Kirchenverfolgung des Maximinus Thrax gelang es Fabianus, für den Cyprian von Karthago voll des Lobes war, die römische Kirche wieder zu reorganisieren. Er hat die Stadt in sieben Verwaltungsbezirke eingeteilt, die Diakonen unterstellt wurden. An diesen Papst richtete Origenes eine Schrift, um sich gegen den Vorwurf der Häresie zu verteidigen. Bei der ersten systematischen Christenverfolgung unter Kaiser Decius (249–251) fand Fabian den Martertod. Er wurde in der Calixtus-Katakombe beigesetzt, in der auch seine Inschrift gefunden wurde. Sie lautet: „FABIANOS EPI. MTR". MTR wurde erst später hinzugefügt. Die Überreste wurden nachträglich nach San Sebastiano überführt, wo 1915 ein Sarkophag mit dem Namen des Papstes aufgefunden wurde.

Cornelius 251–253

Römer. Gewählt: März 251. Gestorben: Juni 253. Beigesetzt: Calixtus-Katakombe, Rom. Heilig. Fest: 16. September.

Von Papst Cornelius wissen wir mehr als vom damaligen Kaiser Trebonianus Gallus (251–253). Nach längerer Sedisvakanz wegen der Verfolgung unter Decius, wurde Cornelius von einer Mehrheit zum neuen Bischof gewählt. Über den Wahlmodus berichtet Cyprian in einem Brief: „Erhoben aber wurde Cornelius zum Bischof auf Grund des Urteiles Gottes und seines Gesalbten, auf Grund des Zeugnisses fast aller Kleriker, auf Grund der Abstimmung des damals anwesenden Volkes und der Zustimmung altbewährter Bischöfe und wackerer Männer." Daraus geht klar hervor, daß damals die gesamte Gemeinde bei der Wahl des römischen Bischofs mitwirkte.

Gegen den in der Bußpraxis eine mildere Richtung vertretenden Cornelius wählte aber eine Minderheit den hochbegabten Theologen Novatian zum Gegenpapst. Die Spaltung wurde unheilbar, als Novatian Cornelius Laxheit vorwarf und seine Wahl mit einem Kirchenbegriff zu rechtfertigen suchte, demzufolge in seiner Kirche für den Todsünder kein Platz sei. In einer Synode im Herbst 251 wies Cornelius die Beschuldigungen des Novatian zurück und schloß ihn aus der Kirche aus. Die Anhängerschaft des Novatian, der nun eine Gegenkirche organisierte, blieb begrenzt.

Nach einer Mitteilung des Cornelius zählte die römische Gemeinde im Jahre 253 46 Priester, 7 Diakone, 7 Subdiakone, 42 Akolythen, 52 Lektoren, Exorzisten, Ostiarier sowie 1500 Witwen und Hilfsbedürftige. Daraus hat man geschlossen, daß sich die römische Gemeinde damals aus etwa 30.000 Mitgliedern zusammensetzte. Kein Wunder, daß Kaiser Decius die Nachricht von der Erhebung eines Gegenkaisers gelassener hinnahm als die Mitteilung, daß ein neuer Bischof der römischen Gemeinde gewählt worden sei. Kaiser Trebonianus Gallus ließ Cornelius in die Verbannung nach Centum Cellae (Civitavecchia) schicken, wo dieser noch 253 starb. Sein Leichnam wurde später nach Rom überführt und in der Lucinagruft der Calixtus-Katakombe beigesetzt. Sein Grabstein ist unter den ältesten Papstinschriften der einzige mit lateinischem Wortlaut.

Lucius I. 253–254

Römer. Gewählt: 25. Juni 253. Gestorben: 5. März 254. Beigesetzt: Calixtus-Katakombe, Rom. Heilig. Fest: 4. März.

In der Verfolgung unter Kaiser Trebonianus Gallus wurde Lucius verbannt. Nach dem Tod des Kaisers durfte er wieder nach Rom zurückkehren. Cyprian von Karthago († 258) schrieb ihm einen Brief, in dem er ihn zu seiner Rückkehr beglückwünschte. In der Bußpraxis vertrat Lucius die Linie seines Vorgängers Cornelius. Lucius wurde in der berühmten Calixtus-Katakombe begraben, wo auch seine Inschrift gefunden worden ist.

Stephan I. 254–257

Römer. Gewählt: 12. Mai 254. Gestorben: 2. August 257. Beigesetzt: Calixtus-Katakombe, Rom. Heilig. Fest: 2. August.

Da Stephan selbstbewußt und energisch war, ist es nicht verwunderlich, daß es unter ihm zu heftigen, innerkirchlichen Auseinandersetzungen kam. Mit Cyprian von Karthago († 258) kam es zum sogenannten Ketzertaufstreit. In Karthago wurden nämlich zur Kirche übergetretene Häretiker nochmals getauft. Unter dem Vorsitz Cyprians sprachen sich die karthagischen Synoden von 255 und 256 dafür aus. Als Stephan davon erfuhr, wandte er sich mit einem geharnischten Schreiben an Cyprian und verbot die Wiedertaufe mit der Begründung: „Nichts soll erneuert werden, was nicht überliefert ist."

Stephan nahm erstmals die Stelle von Mt 16, 18f. für sich in Anspruch. Bemerkenswert ist, daß diese klassische Petrusstelle als Begründung der römischen Vorrangstellung erst herangezogen wurde, als sich der Primat schon herausgebildet hatte. Da Cyprian aber bei seinem Standpunkt blieb, kam es zwischen Rom und Karthago zum Bruch. Erst mit dem Tod des Papstes fand der unselige Streit ein Ende. Stephan wurde, wie seine Vorgänger, in der Papstkrypta der Calixtus-Katakombe begraben.

Sixtus (Xystus) II. 257–258

Grieche. Gewählt: 30. August 257. Gestorben: 6. August 258. Beigesetzt: Calixtus-Katakombe, Rom. Heilig. Fest: 7. August.

Sixtus war ein friedfertiger Papst. Er stellte die unterbrochene Kirchengemeinschaft mit Karthago wieder her. Berühmt wurde Sixtus vor allem durch sein Martyrium. Während der Valerianischen Christenverfolgung wurde er nach dem Gottesdienst in der Calixtus-Katakombe zusammen mit vier Diakonen festgenommen und sofort enthauptet. Einem Freund schrieb Cyprian von Karthago: „Xystus ist am Cömeterium hingerichtet worden am 8. vor den Iden des August (6. August) und mit ihm vier Diakone." Zu diesen vier Diakonen gehörten aller Wahrscheinlichkeit nach Felicissimus und Agapitus sowie der hochangesehene Laurentius, der ein paar Tage später das Martyrium erlitt. Während Felicissimus und Agapitus ihre Ruhestätte in der Katakombe des Praetextatus fanden, wurde Laurentius an der Via Tiburtina begraben, wo sich sein Grab zu einer der meistbesuchten Stätten Roms entwickelte. Kaiser Konstantin ließ dort eine Basilika erbauen, die eine der sieben Hauptkirchen der Stadt wurde.

Sixtus wurde in der Papstgruft der Calixtus-Katakombe begraben. Papst Damasus I. hat dort eine Inschrift anbringen lassen, deren Bruchstücke De Rossi gefunden und dort wieder aufgestellt hat. Leben und Wirken von Sixtus und Laurentius hat der berühmte Dominikanermönch Fra Angelico in der Kapelle Nikolaus' V. (1447–1455) im Vatikan mit kindlicher Frömmigkeit dargestellt. Auf dem Gemälde der Sixtinischen Madonna verewigte der geniale Künstler Raffael Sixtus. Das Gemälde, 1517 für die Sixtuskirche in Piacenza gemalt, wurde 1753 für die Dresdner Galerie erworben und stellt den Papst in seinen schweren Pontifikalkleidern dar, wie er Maria, die auf einer aus weißen Wolken bestehenden Straße herankommt, empfängt. Sixtus und Laurentius sind in den römischen Meßkanon aufgenommen worden.

Dionysius 259–268 (?)

Gewählt: 22. Juli 259. Gestorben: 26. Dezember 268 (?). Beigesetzt: Calixtus-Katakombe, Rom. Heilig. Fest: 30. Dezember.

Dionysius zählt zu den bedeutendsten Päpsten des 3. Jh.s. Unter Kaiser Galienus (260–268) bekam die Kirche die unter Kaiser Valerianus enteigneten Gotteshäuser wieder zurück, und der Papst konnte die römische Gemeinde reorganisieren. Bekannt wurde Dionysius durch sein Eingreifen in die Kontroverse über die Trinitätslehre im Orient. Mit einem maßvollen Schreiben an Bischof Dionysius von Alexandrien verwarf er den sogenannten Subordinatianismus. Die Auseinandersetzung ist in die Geschichte als der Streit der zwei Dionyse eingegangen. Dionysius war ein karitativer Papst. Der durch die Barbareneinfälle in Not geratenen Kirche von Cäsarea in Kappadokien schickte er nicht nur ein Trostschreiben, sondern auch Geld.

Felix I. 269–274 (?)

Römer. Gewählt: 5. Januar 269. Gestorben: 30. Dezember 274. Beigesetzt: Calixtus-Katakombe, Rom. Heilig. Fest: 30. Mai.

Für die zweite Hälfte des 3. Jh.s fließen die Quellen über die römischen Bischöfe spärlich. So wissen wir von Felix nur, daß er in der Angelegenheit des Paul von Samosata eine Antwort gab. Dieser weigerte sich nämlich nach seiner Absetzung, die bischöfliche Wohnung in Antiochien zu räumen. Erstaunlich ist es, daß man sich an Kaiser Aurelian (270–274) wandte, der dann entschied, jener solle die Wohnung einnehmen, mit dem „die Bischöfe Italiens und der Stadt Rom in Verbindung stehen“. Seine Ruhestätte fand Felix in der Papstkrypta der Calixtus-Katakombe.

Eutychianus 275–283 (?)

Aus Luni. Gewählt: 4. Januar 475 (?). Gestorben: 7. Dezember 283 (?). Beigesetzt: Calixtus-Katakombe, Rom. Heilig. Fest. 7. Dezember.

Über Eutychianus besitzen wir keine sicheren Daten. Der Archäologe De Rossi hat in der Papstgruft der Calixtus-Katakombe die Grabplatte des Eutychianus gefunden.

Gajus (Caius) 283–296 (?)

Gewählt: 17. Dezember 283. Gestorben: 22. April 296 (?). Beigesetzt: Calixtus-Katakombe, Rom. Heilig. Fest: 22. April.

Mit Gajus beginnt die sichere Überlieferung der Konsekrationstage. Er gehört auch mit Cornelius, Eusebius und Miltiades zu jenen Päpsten, die nicht in der berühmten Papstkapelle, sondern in anderen Grabkammern der Calixtus-Katakombe ihre letzte Ruhestätte gefunden haben. Nach der Legende der hl. Susanna aus dem 6. Jh. soll er deren Onkel gewesen sein. Auch in der Leidensgeschichte des hl. Sebastian wird er erwähnt.

Marcellinus 296–304 (?)

Gewählt: 30. Juni 296. Gestorben: 25. Oktober 304. Beigesetzt: Priscilla-Katakombe, Rom. Heilig. Fest: 2. Juni.

Über diesen römischen Bischof gibt es verschiedene Ungereimtheiten. Kaiser Diokletian erließ in den Jahren 303/304 antichristliche Dekrete und forderte einen allgemeinen Opfergang. Gegen Ende des Jahrhunderts verbreitete die Sekte der Donatisten die Nachricht, Marcellinus sei in der Verfolgung schwach geworden, habe die heiligen Bücher ausgeliefert und sogar den Göttern Weihrauch gestreut. Da selbst der *Liber Pontificalis* berichtet, Marcellinus habe den Göttern geopfert, ist es nicht ausgeschlossen, daß seine Haltung während der Diokletianischen Verfolgung nicht einwandfrei war. Laut *Liber Pontificalis* hat Marcellinus aber nach der Bekehrung das Martyrium erlitten.

Marcellus I. 308–309

Römer. Gewählt: 27. Mai 308. Gestorben: 16. Januar 309. Beigesetzt: Priscilla-Katakombe, Rom. Heilig. Fest: 16. Januar.

Über Marcellus I. gibt es viele Unsicherheiten. Fest steht, daß die römische Gemeinde nach Marcellinus infolge der Diokletianischen Verfolgung und innerer Parteikämpfe um die Bußdisziplin jahrelang führerlos und völlig zerrüttet war. Wegen seiner rigoristischen Haltung soll Marcellus von Kaiser Maxentius in die Verbannung geschickt worden sein, wo er auch starb. Er wurde zunächst in der Priscilla-Katakombe beigesetzt. Im 8. Jh. gelangten seine Überreste in die Kirche San Marcello al Corso, die ihm geweiht ist.

Eusebius 309 (?)

Grieche. Gewählt: 18. April 309. Gestorben: 17. August 309 in Sizilien. Beigesetzt: Calixtus-Katakombe, Rom. Heilig. Fest: 17. August.

Unter Eusebius dauerten die schon unter seinem Vorgänger entstandenen Konflikte über die Wiederaufnahme der in der Diokletianischen Verfolgung abgefallenen Christen an. Eine Inschrift von Papst Damasus I. lautet: „Heraclius verwehrte, daß die Gefallenen ihre Sünden beklagten, Eusebius lehrte die Elenden, ihre Sünden zu beweinen." Kaiser Maxentius (306–312) ließ Eusebius nach Sizilien verbannen, wo er bald darauf starb. Die Leiche wurde später nach Rom gebracht und in einer Grabkammer der Calixtus-Katakombe beigesetzt.

Miltiades 311–314 (?)

Afrikaner (?). Gewählt: 2. Juli 311. Gestorben: 10. Januar 314. Beigesetzt: Calixtus-Katakombe, Rom. Heilig. Fest: 10. Dezember.

Miltiades stammte wahrscheinlich aus Afrika. In seine Regierungszeit fielen der Sieg Konstantins über Maxentius 312 an der Milvischen Brücke und die Mailänder Konvention von 313, die den Christen die volle Freiheit gewährte. Welche Rolle Miltiades bei diesen Vorgängen gespielt hat, wissen wir nicht. Es ist nur bekannt, daß Konstantin einem bischöflichen

Gericht unter Leitung des Miltiades die Aufgabe übertrug, im Streit der Donatisten mit Bischof Cäcilian in Afrika zu entscheiden. Weil der Schiedsspruch zugunsten Cäcilians ausfiel und von den Donatisten nicht anerkannt wurde, berief Konstantin ohne Einspruch des Papstes 314 eine Synode nach Arles ein. Konstantin schenkte Miltiades seinen großen Besitz am Lateran, der bis zum Ende des 14. Jh.s die Residenz der Päpste wurde. Hier ließ der Kaiser die erste der großen Basiliken Roms bauen, die später den Namen San Giovanni in Laterano bekam.

Die Milvische Brücke über den Tiber, nördlich von Rom, wo im Jahr 312 Konstantin den Maxentius besiegte.

Silvester I. 314–335

Römer. Gewählt: 31. Januar 314. Gestorben: 31. Dezember 335. Beigesetzt: Priscilla-Katakombe, Rom. Heilig. Fest: 31. Dezember.

Silvester ließ sich sowohl auf der Synode von Arles 314, wie auch beim Konzil von Nizäa durch zwei Presbyter vertreten, die keine besondere Rolle spielten. Überhaupt finden wir in der zeitgenössischen Literatur keine Spuren seiner Regierung.

Dieses Vakuum füllten später verschiedene Legenden. Damit wollte man offenbar den Eindruck erwecken, daß dem großen Kaiser Konstantin ein ebenso bedeutender Papst Silvester gegenüberstand. Schon gegen Ende des 5. Jh.s wurden die Bekehrung, die Taufe und die wunderbare Heilung Konstantins Silvester zugeschrieben. Im Zusammenhang mit der Entstehung des Kirchenstaates wurde im 8. Jh. behauptet, Konstantin habe Silvester aus Dankbarkeit das ganze Abendland geschenkt. In der Cappella di San Silvestro bei der römischen Kirche Quattro Coronati stellen Fresken, die um 1246 entstanden sind, Szenen aus den Legenden um Silvester dar. Erst Nikolaus Cusanus hat im Jahre 1433 in seinem Werk *De concordantia catholica* die *Konstantinische Schenkung* als Fälschung entlarvt. Sicher ist, daß Konstantin über dem Grab des Petrus 325 die fünfschiffige Peterskirche erbauen ließ.

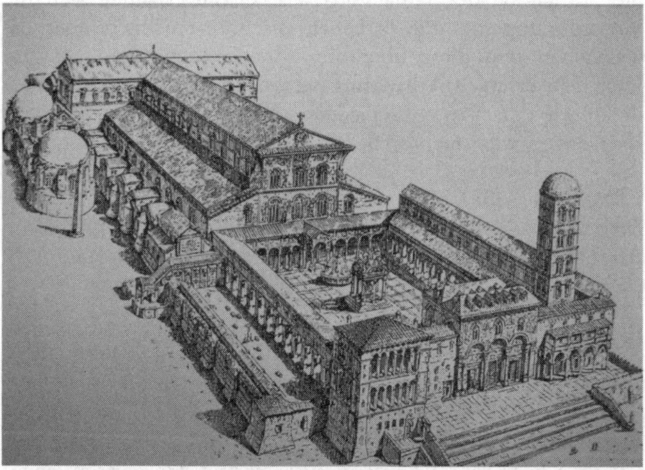

Rekonstruktion der alten Basilika von St. Peter.

Markus 336

Römer. Gewählt: 18. Januar 336. Gestorben: 7. Oktober 336. Beigesetzt: Kirche der hl. Balbina, Rom. Heilig. Fest: 7. Oktober.

Die Regierung des Markus fiel in die Zeit heftiger Konflikte um Arius und Arianismus. Aber über seine Amtsperiode ist wenig bekannt. Er ließ die Kirche der hl. Balbina an der Via Ardeatina, wo er auch begraben wurde, und die Kirche des hl. Markus an der Piazza Venezia errichten.

Julius I. 337–352

Römer. Gewählt: 6. Februar 337. Gestorben: 12. April 352. Heilig. Fest: 12. April.

Julius I. war eine starke Persönlichkeit und genoß großes Ansehen. Im Streit zwischen Arianern und Anhängern des Konzils von Nizäa wandten sich sowohl die einen wie die anderen an Julius. Im Jahre 341 berief er eine Synode nach Rom ein, die sich ganz hinter Athanasius und Nizäa stellte. Bei der Synode von Sardika 343 sprachen sich die Orientalen gegen die Aufnahme des Athanasius aus. Darauf spaltete sich die Versammlung und die östlichen Bischöfe sprachen über die westlichen und diese über die östlichen den Bann aus. Im Jahre 346 erschien Athanasius persönlich in Rom. Julius wurde durch den Bau verschiedener Kirchen in Rom bekannt. Eine davon war jene von S. Maria in Trastevere.

Liberius 352–366

Römer. Gewählt: 17. Mai 352. Gestorben: 24. September 366. Beigesetzt: Priscilla-Katakombe, Rom.

Liberius sah sich vor allem mit dem arianischen Streit konfrontiert. Er weigerte sich zunächst, Athanasius zu verurteilen. Erst die Verbannung nach Thrakien führte zum seelischen Zusammenbruch und in dieser Verfassung schrieb er jene Briefe, in denen er die Kirchengemeinschaft mit Athanasius aufkündigte. Als er im Jahre 358 nach Rom heimkehrte, wurde ihm zwar ein begeisterter Empfang bereitet und der in Rom eingesetzte Felix II. vertrieben, aber das Ansehen war so schwer kompromittiert, daß er in den nachfolgenden theologischen Auseinandersetzungen keine Rolle mehr spielte. In der Ewigen Stadt erinnert die von ihm grundgelegte Basilika Liberiana an ihn.

Damasus I. 366–384

Spanier (?). Gewählt: 1. Oktober 366. Gestorben: 11. Dezember 384. Beigesetzt: San Lorenzo in Damaso, Rom.

Nach dem Tode des Liberius wurde Rom zur Kampfszene mit über hundert Toten. Während eine Minderheit sich für Ursinus entschied, der staatlichem Zwang weichen mußte, wählte die Mehrheit Damasus. Unter ihm erließ Kaiser Theodosius im Jahre 380 das Dekret *Cunctos Populos*, das allen Untertanen des Reiches jene Religion vorschrieb, die Damasus in Rom bekannte. Am berühmten Konzil von Konstantinopel von 381 hatte Damasus keinen Anteil. Wohl aber forderte er in einem Schreiben an die gallischen Bischöfe die strikte Enthaltsamkeit von verheirateten Klerikern. Auf Damasus geht auch die Anregung zur Bibelübersetzung des Hieronymus zurück, die in der Folgezeit als Vulgata große Bedeutung erreichte. Der Cortile di San Damaso im Vatikanischen Palast und die Kirche San Lorenzo in Damaso erinnern an diesen Papst.

Siricius 384–399

Römer. Gewählt: Dezember 384. Gestorben: 26. November 399. Beigesetzt: Priscilla-Katakombe, Rom. Heilig. Fest: 26. November.

Obwohl Hieronymus dem neuen Papst Einfalt vorwarf, war die Regierungszeit des Siricius ein Meilenstein in der Entwicklung des römischen Primates. Er war nämlich der erste Bischof von Rom, der jenen Brieftypus verwandte, der im autoritären Stil kaiserlicher Edikte abgefaßt war. Im Jahre 390 weihte Siricius das zu einer fünfschiffigen Basilika erweiterte Gotteshaus St. Paul vor den Mauern. Die Macht und der Reichtum der römischen Päpste des 4. Jh.s erweckte schon den Neid des heidnischen Präfekten Praetextus. Er sagte: „Macht mich zum Bischof von Rom, und ich werde auf der Stelle ein Christ."

Anastasius I. 399–401

Römer. Gewählt: 27. November (?) 399. Gestorben: 19. Dezember 401. Heilig. Fest: 19. Dezember.

Der Kirchenvater Hieronymus nannte Anastasius I. einen ausgezeichneten Mann, den die Kirche leider nicht lange hatte. In drei Schreiben hat Anastasius Origines († 253), dessen Rechtgläubigkeit seit dem 4. Jh. ständig zu Streitigkeiten geführt hatte, verurteilt.

Innozenz I. 401–417

Aus Albano. Gewählt: 22. Dezember 401. Gestorben: 12. März 417. Beigesetzt: S. Pontiano an der Via Portuense, Rom. Heilig. Fest: 28. Juli.

Innozenz I., nach Hieronymus Sohn seines Vorgängers Anastasius, zählt zu den markantesten Papstgestalten des 5. Jh.s. Sein Pontifikat war für die Weiterführung der römischen Führungsrolle von entscheidender Bedeutung. Er verlangte, daß alle schweren Fälle vor den Apostolischen Stuhl gebracht werden. Als im Jahre 403 Johannes Chrysostomus († 407) von seinem Patriarchensitz in Konstantinopel vertrieben wurde, setzte sich Innozenz I., allerdings ohne Erfolg, entschieden für dessen Wiedereinsetzung ein. Den britannischen Asketen Pelagius, der der Meinung war, der Mensch könne aus sich heraus sein Heil erreichen, exkommunizierte er. Als Augustinus († 430) von dieser Entscheidung hörte, sprach er die berühmten Worte: „Causa finita est, utinam aliquando finiatur error – Der Streit ist beendet, wenn doch endlich einmal auch der Irrtum überwunden würde." Später haben Fanatiker den Satz in „Roma locuta, causa finita – Rom hat gesprochen, der Streit ist erledigt" umgewandelt.

Zosimus 417–418

Grieche. Gewählt: 18. März 417. Gestorben: 26. Dezember 418. Beigesetzt: San Lorenzo an der Via Tiburtina, Rom. Heilig. Fest: 26. Dezember.

Zosimus war ein unberechenbarer und impulsiver Grieche, der das Ansehen des Papsttums, das sein Vorgänger aufgebaut hatte, wieder zunichte machte. Sein schwerwiegender Fehler war, daß er auf zwei Synoden Pelagius rehabilitieren ließ. Aber der afrikanische Episkopat nötigte Zosimus, sein offensichtliches Fehlurteil zu revidieren. Mit einem Schreiben, der sogenannten *Epistula tractoria*, mußte Zosimus kleinlaut beigeben.

Bonifaz I. 418–422

Römer. Gewählt: 29. Dezember 418. Gestorben: 4. Juli 422. Beigesetzt: S. Felicita an der Via Salaria, Rom. Heilig. Fest: 25. Oktober.

Die unkluge Amtsführung des Zosimus wirkte sich auch auf die Wahl seines Nachfolgers aus. Nach der Verbannung des Gegenpapstes Eulalius anerkannte Kaiser Honorius Bonifaz als rechtmäßigen Papst. Um in Zukunft solch beschämende Vorgänge zu vermeiden, erließ der Kaiser eine Art Papstwahlordnung, die aber ohne Bedeutung blieb. Der umsichtigen Amtsführung des Bonifaz gelang es, viele Konflikte, die sein Vorgänger ausgelöst hatte, zu schlichten.

Cölestin I. 422–432

Aus Kampanien. Gewählt: 10. September 422. Gestorben: 27. Juli 432. Beigesetzt: Priscilla-Katakombe, Rom. Heilig. Fest: 6. April.

Wie schon Zosimus hatte auch Cölestin eine wenig glückliche Hand für die afrikanischen Probleme. Eine karthagische Synode verbat sich 416 ein für allemal römische Einmischungen. Auf dem Konzil von Ephesus 431, das sich für die Gottesmutterschaft Mariens entschieden hatte, ließ er sich durch Legaten vertreten. Obwohl Cölestin sehr deutlich seinen Rang gegenüber der östlichen Kirche betonte, unterstrich er bei Bischofsbestellungen die Rolle der Gemeinden. An die Bischöfe Galliens schrieb er z. B.: „Kein Bischof soll den gegen ihn sich Sträubenden gegeben werden. Es soll die Zustimmung und der Wunsch des Klerus, der Gemeinde und der Obrigkeit eingeholt werden."

Sixtus III. 432–440

Römer. Gewählt: 31. Juli 432. Gestorben: 19. August 440. Beigesetzt: San Lorenzo an der Via Tiburtina, Rom. Heilig. Fest: 28. März.

Mit großem Eifer bemühte sich Sixtus III. um die Herstellung von Frieden und Eintracht mit der östlichen Kirche. In Rom entfaltete er eine rege Bautätigkeit und schaffte sich damit bleibenden Ruhm. Er ließ die Liberianische Basilika umbauen und mit prächtigen Mosaiken schmücken, die an die Dogmatisierung der Gottesmutterschaft in Ephesus erinnern.

Leo I. der Große 440–461

Aus Tuszien. Gewählt: 29. September 440. Gestorben: 10. November 461. Beigesetzt: St. Peter, Rom. Heilig. Fest: 10. November.

Mit Leo I. erreichte die Papstgeschichte ihren ersten Höhepunkt. Schon seine Zeitgenossen haben ihn als „Löwen vom Stamme Juda" gerühmt. Selbstbewußt betonte Leo, daß der Papst der Stellvertreter Petri ist, in dem das Erbe des Apostels weiterlebt. Er unterschied aber auch schon zwischen der physischen Hinfälligkeit der einzelnen Päpste und der Unvergänglichkeit des Papstamtes an sich. Bezüglich der Bischofsbestellung vertrat er die Idee: „Der, welcher allen vorstehen soll, soll von allen gewählt werden." Auch wenn andere Faktoren eine wichtige Rolle gespielt haben mögen, so hat Leo ebenfalls 452 bei Mantua den Abzug von Attilas Hunnen mitbewirkt. Bei der Plünderung Roms 455 durch die Vandalen konnte er großes Blutvergießen verhindern.

Im Bereich der lateinischen Kirche hat der Führungsanspruch Leos keinen wesentlichen Widerspruch erfahren. Die eigentliche Feuerprobe hatte er mit den Kirchen des Ostens zu bestehen. Dort griff er mit einem Lehrschreiben in die christologischen Auseinandersetzungen ein, das er 449 an den Patriarchen Flavian von Konstantinopel richtete, in welchem er mit meisterhafter Klarheit die Lehre von den zwei Naturen in Christus darlegte.

Auf der von Kaiser Theodosius II. im gleichen Jahr einberufenen Reichssynode von Ephesus triumphierte allerdings der Monophysitismus und den päpstlichen Legaten wurde nicht einmal erlaubt, das Wort zu ergreifen. Deshalb brandmarkte Leo diese Versammlung als Räubersynode. Erst 451 bei dem von der Kaiserin Pulcheria und ihrem Gemahl Marcian (450–457) einberufenen Konzil von Chalkedon stimmte die Versammlung einhellig dem *Dogmatischen Brief* Leos mit den berühmt gewordenen Worten zu: „Der hl. Petrus hat durch Leo gesprochen". In diese Siegesklänge mischten sich allerdings auch Mißtöne. Der vom Konzil verabschiedete

Canon 28 gab dem Patriarchen von Konstantinopel (das neue Rom) die gleichen Rechte wie sie der Bischof der alten Kaiserstadt besaß. Diesen Passus hat Leo aber nie anerkannt. Raffael in den vatikanischen Stanzen und Algardi in St. Peter haben diesen Papst, den die Geschichte zu Recht unter die „Großen“ eingereiht hat, verewigt.

Hilarius 461–468

Sarde. Gewählt: 19. November 461. Gestorben: 29. Februar 468. Beigesetzt: San Lorenzo fuori le Mura, Rom. Heilig. Fest: 28. Februar.

Als päpstlicher Legat war Hilarius bei der Räubersynode 449 in Lebensgefahr geraten. In Rom mußte er es hinnehmen, daß eine arianische Gemeinde entstand, aus der später die Kirche S. Agata dei Goti hervorging. Beim Baptisterium des Laterans ließ er die beiden Oratorien Johannes' des Täufers und des Apostels Johannes erbauen. Letzteres weist ungewöhnlich schöne Mosaiken aus der Zeit des Hilarius auf.

Simplicius 468–483

Aus Tivoli. Gewählt: 3. März 468. Gestorben: 10. März 483. Beigesetzt: St. Peter, Rom. Heilig. Fest: 2. März.

Unter Papst Simplicius brach das Weströmische Reich zusammen, als 476 germanische Truppen den letzten Kaiser Romulus Augustulus absetzten und den Skirenfürsten Odoaker auf den Thron hoben. Auf diesen Papst geht die Kirche Santo Stefano Rotondo zurück. Ursprünglich war der Rundbau allerdings weit großartiger, als er sich heute darstellt. Im 16. Jh. wurde die Kirche mit dem Priesterkolleg der Germaniker zusammengelegt.

Felix II. (III.) 483–492

Römer. Gewählt: 13. März 483. Gestorben: 1. März 492. Beigesetzt: San Paolo fuori le Mura, Rom. Heilig. Fest: 1. März.

Felix II., ein überaus energischer Mann, stammte aus römischem Adel und hatte einen Priester zum Vater. Als er zum Papst gewählt wurde, war er Witwer und Vater mehrerer Kinder. Auf das *Henotikon* (Edikt) des Kaisers Zenon (476–491) von 482, das das Konzil von Chalkedon auszuhöhlen drohte, antwortete Felix II. mit der Exkommunikation des Patriarchen Akakios von Konstantinopel. Damit kam es zum ersten Schisma mit der Ostkirche.

Gelasius I. 492–496

Afrikaner (?). Gewählt: 1. März 492. Gestorben: 21. November 496. Beigesetzt: St. Peter, Rom. Heilig. Fest: 21. November.

Gelasius, der schon als Berater Felix' II. großes Gewicht hatte, wurde einer der bedeutendsten Verteidiger des päpstlichen Primates. Im Jahre 494 formulierte er nämlich in einem Schreiben an Kaiser Anastasius I. (491–518) erstmals klar und eindeutig die Zweigewaltenlehre. Danach wird die Welt durch die päpstliche und die kaiserliche Gewalt regiert. Die Zuständigkeit der letzteren im weltlichen Bereich bleibt letztlich der ersteren untergeordnet. Diese Zweigewaltenlehre wurde im Mittelalter zur Zweischwertertheorie ausgebaut. Große Bedeutung erreichte Gelasius auch durch sein pastorales Wirken. So erinnerte er wiederholt daran, daß ein Viertel der Einkünfte der Kirche für die Armen verwendet werden müsse.

Anastasius II. 496–498

Römer. Gewählt: 24. November 496. Gestorben: 19. November 498.

Anastasius, Sohn eines Priesters, gab sich alle Mühe, das akakianische Schisma zu beenden. Da er dadurch das Mißtrauen des römischen Klerus erregte, ist er nach seinem Tode der Häresie bezichtigt worden. Deshalb traf ihn Dante († 1321) bei seiner Höllenfahrt unter den Ketzern. Die Glückwünsche dieses Papstes zur Taufe des Frankenkönigs Chlodwig zu Reims sind eine Fälschung aus dem 17. Jh.

Symmachus 498–514

Sarde. Gewählt: 22. November 498. Gestorben: 19. Juli 514. Beigesetzt: St. Peter, Rom. Heilig. Fest: 19. Juli.

Nach dem Tode des Anastasius kam es zu einer unseligen Doppelwahl. Nachdem die Feinde des Anastasius den Diakon Symmachus gewählt hatten, erkoren die Anhänger des Anastasius den Archipresbyter Laurentius. Schließlich entschied sich der arianische König Theoderich (493–526) für Symmachus. Im Jahre 501 brachen die Streitigkeiten erneut aus und Symmachus wurde schwerer Verbrechen bezichtigt. Darauf ließ dieser die Vorwürfe durch eine Synode untersuchen. Die Versammlung überließ aber das Urteil dem Gericht Gottes. Um dieses Vorgehen zu rechtfertigen, entstanden damals die sogenannten *Symmachianischen Fälschungen*, nach denen schon Silvester I. (314–335) den Satz geprägt haben soll, daß der römische Stuhl von niemandem gerichtet werden könne (Prima sedes a nemine iudicatur). Dieser Satz fand später in verschiedene Kirchenrechtssammlungen Eingang und entfaltete eine ungeheure Wirkung. Im Gesetzbuch der Kirche von 1983 lautet Canon 1404: „Der Papst kann von niemandem vor Gericht gezogen werden". An Papst Symmachus erinnern in Rom die Kirchen San Martino ai Monti und S. Agnese fuori le Mura.

Hormisdas 514–523

Aus Frosinone. Gewählt: 20. Juli 514. Gestorben: 6. August 523. Heilig. Fest: 6. August.

Unter Papst Hormisdas wurde 519 das akakianische Schisma endlich beigelegt. Die kaiserliche Regierung erkannte jetzt die römische Kirche als höchste Instanz in allen Fragen des christlichen Glaubens an. Was der vom Papst entworfenen Unionsformel (Formula Hormisdae) ihre spezifische Note gab, war, daß „durch den Apostolischen Stuhl die katholische Religion allezeit unversehrt bewahrt worden sei". Diese Formel, daß Rom die einzige Norm für die ganze Kirche ist, wurde auch beim Ersten Vatikanischen Konzil 1870 zitiert.

Johannes I. 523–526

Aus Tuszien. Gewählt: 13. August 523. Gestorben: 18. Mai 526 in Ravenna. Beigesetzt: St. Peter, Rom. Heilig. Fest: 18. Mai.

Die Goten benützten das Papsttum als reines Werkzeug, wie ein Befehl Theoderichs an Papst Johannes I. zeigt. Er mußte sich nämlich persönlich bei der kaiserlichen Regierung in Konstantinopel für die Rücknahme antiarianischer Maßnahmen verwenden. Die Reise des Papstes in die byzantinische Hauptstadt erwies sich für Theoderich als Fehlschlag. Als der Papst 526 zurückkehrte, ließ ihn der Gotenkönig in Ravenna festhalten, wo Johannes im selben Jahr starb.

Felix III. (IV.) 526–530

Aus Samnium. Gewählt: 12. Juli 526. Gestorben: 22. September 530. Beigesetzt: St. Peter, Rom. Heilig.

Es war der Gotenkönig Theoderich, der die Erhebung des Diakons Felix zum Papst veranlaßte. Felix griff in den damals in Südfrankreich aufflackernden Gnadenstreit ein und schickte Cäsarius von Arles († 542) augustinischen Texten entnommene Dokumente, die dann auf der Synode von Orange 529 angenommen wurden. Diese Versammlung bestimmte, daß die Natur des Menschen von sich aus zu keinen guten Werken fähig sei. Später ist diese wichtige Synode weitgehend in Vergessenheit geraten und erst das Konzil von Trient (1545–1563) hat sie wieder ans Licht gebracht. Um Streitigkeiten vorzubeugen, designierte Felix Bonifaz II. zu seinem Nachfolger. In Rom ließ er den Rundtempel des Romulus am Forum zur Kirche St. Cosmas und Damianus umbauen, wo er im Apsismosaik auch dargestellt ist.

Dioskur 530

Aus Alexandrien. Gewählt: 22. September 530. Gestorben: 14. Oktober 530.

Da der Diakon Dioskur ein Gegner des Monophysitismus war, mußte er seine Heimat Alexandrien verlassen. Er zog nach Rom, wo er zu großen Ehren gelangte. Trotz der Verfügung des vorhergehenden Papstes wählte ihn eine Mehrheit zum Nachfolger. Da er nach wenigen Wochen starb, wurde der von Felix III. designierte Bonifaz allgemein anerkannt. Dieser erachtete es dann als seine Pflicht, den toten Dioskur mit Anathem zu belegen.

Bonifaz II. 530–532

Römer. Gewählt: 22. September 530. Gestorben: 17. Oktober 532. Beigesetzt: St. Peter, Rom.

Durch Designation auf den Papstthron gelangt, bestimmte Bonifaz auf gleiche Weise Vigilius zu seinem Nachfolger. Aber der römische Klerus zwang den Papst, das Designationsdekret zu verbrennen.

Johannes II. 533–535

Mercurius. Römer. Gewählt: 2. Januar 533. Gestorben: 8. Mai 535.

Auf Betreiben des Gotenkönigs Athalarich wurde der Presbyter Mercurius zum Papst gewählt. Mercurius ist deshalb in die Kirchengeschichte eingegangen, weil er als erster die Namensänderung vorgenommen hat. Die Wand der Scola Cantorum in der Kirche S. Clemente in Rom trägt heute noch das Monogramm dieses Papstes.

Agapet I. 535–536

Römer. Gewählt: 13. Mai 535. Gestorben: 22. April 536 in Konstantinopel. Beigesetzt: St. Peter, Rom.

Agapet, Sohn des Priesters Gordianus, wurde nach seiner Erhebung vom Gotenkönig Theodahat gezwungen, nach Konstantinopel zu reisen, um Kaiser Justinian von der Eroberung des Gotenreiches in Italien abzubringen. Sein Tod in Konstantinopel stürzte das Papsttum in eine schwere Krise.

Silverius 536–537

Aus Frosinone. Gewählt: 8. Juni 536. Abgesetzt: März 537. Verzicht: 11. November 537. Gestorben: 2. Dezember 537 auf der Insel Ponza. Heilig. Fest: 20. Juni.

Auf Betreiben des Gotenkönigs Theodahat gelangte der Sohn des Papstes Hormisdas auf den Stuhl Petri. Ihm wurde der Kampf zwischen Byzantinern und Ostgoten zum Verhängnis. Nachdem der Feldherr Belisar 535 unter Mithilfe des Silverius Rom kampflos eingenommen hatte, wurde dieser wegen hochverräterischer Beziehungen zu den Goten abgesetzt und nach Lykien ins Exil geschickt. In Rom ließ Kaiserin Theodora ihren Schützling Vigilius zum Papst erheben, der dann Silverius auf die Insel Ponza verbannen ließ. Dort verzichtete Silverius auf sein Amt und starb bald darauf. Wegen der erlittenen Entbehrungen wird er als Märtyrer verehrt.

Vigilius 537–555

Römer. Gewählt: 29. März 537. Gestorben: 7. Juni 555 in Syrakus. Beigesetzt: Priscilla-Katakombe, Rom.

Das Pontifikat des Vigilius zählt zu den bedrückendsten der gesamten Kirchengeschichte. Den ehrgeizigen und karrieresüchtigen Vigilius hatte schon Papst Bonifaz II. 532 zu seinem Nachfolger bestimmt, der römische Klerus aber war dagegen. Als Schützling der Kaiserin Theodora gelangte Vigilius schließlich ans Ziel seiner Wünsche. Um den Papst zu bewegen, die Verurteilung der sogenannten Drei Kapitel, die eine Aushöhlung des Konzils von Chalkedon darstellten, anzuerkennen, ließ ihn Kaiser Justinian 545 nach Konstantinopel kommen. Im Jahre 548 nahm der Papst unter kaiserlichem Druck mit dem Dokument *Iudicatum* die Verurteilung an. Die Folge war ein Sturm der Entrüstung. Das Plenarkonzil von Karthago exkommunizierte sogar den Papst.

Beeindruckt durch die heftigen Proteste der westlichen Kirche, änderte Vigilius 553 seine Meinung, weigerte sich am Konzil von Konstantinopel teilzunehmen und verbot durch das *Erste Constitutum* die Verurteilung. Auf Betreiben des Kaisers änderte Vigilius wieder seine Meinung und nahm durch das *Zweite Constitutum* 554 das *Erste Constitutum* wieder zurück. Gebrochen an Leib und Seele durfte Vigilius im Jahre 555 nach Rom zurückkehren, starb jedoch in Syrakus.

Pelagius I. 556–561

Römer. Gewählt: 16. April 556. Gestorben: 3. März 561.

Pelagius spielte schon als Diakon eine wichtige Rolle in der päpstlichen Diplomatie. Seit 551 trat er entschieden gegen eine Verurteilung der Drei Kapitel ein. Um die Gunst des Kaisers zu erlangen, stimmte er nach dem Tode des Vigilius der Verdammung der Drei Kapitel zu. Daraufhin gelangte er auf Betreiben des kaiserlichen Feldherrn Narses und gegen den Willen des römischen Klerus auf den päpstlichen Stuhl. Nur mühsam gelang es ihm, trotz wiederholter Beteuerung seiner Orthodoxie und großzügiger Armenversorgung, das massive

Mißtrauen, das man ihm in Rom und im Westen entgegenbrachte, zu überwinden.

Johannes III. 561–574

Römer. Gewählt: 17. Juli 561. Gestorben: 13. Juli 574.

Da Kaiser Justinian seit 553 die Bestätigung der Papstwahl beanspruchte, kam es zu einer langen Sedisvakanz. Nur mit Mühe gelang es Johannes III. die Kirchengemeinschaft mit den von Rom getrennten Kirchen im Westen wieder herzustellen. Unter seinem Pontifikat drangen 568 die arianischen Langobarden in Italien ein.

Benedikt I. 575–579

Römer. Gewählt: 2. Juni 575. Gestorben: 30. Juli 579. Beigesetzt: St. Peter, Rom.

Benedikt I. ist der erste Papst, der den Namen des berühmten Mönchsvaters von Nursia trägt. Während seiner Regierungszeit drangen die Langobarden bis nach Rom vor und belagerten 579 die Stadt.

Pelagius II. 579–590

Römer. Gewählt: 26. November 579. Gestorben: 7. Februar 590.

Da der Kaiser gegen die Perser und Awaren zu kämpfen hatte, konnte sich Pelagius von ihm keine Hilfe gegen die Langobarden erwarten. Deshalb suchte er, wenn auch vergeblich, Hilfe bei den Franken. Pelagius schaffte sich in Rom durch den Neubau der Basilika von S. Lorenzo fuori le Mura ein bleibendes Denkmal. Dort wurde er auf einem Mosaik verewigt.

Gregor I. der Große 590–604

Römer. Gewählt: 3. September 590. Gestorben: 12. März 604. Beigesetzt: St. Peter, Rom. Heilig. Fest: 3. September.

Mit Gregor dem Großen bestieg ein Mann den römischen Stuhl, der das päpstliche Amt so hervorragend verwaltete, daß er für seine Nachfolger zur Idealgestalt und zum Musterpapst wurde. Kein Papst wurde so oft dargestellt wie er. Aus einer Senatorenfamilie stammend bekleidete Gregor zunächst das

Amt des römischen Stadtpräfekten. Nach dem Tode seines Vaters verwandelte er sein Elternhaus in ein Kloster, in das er selbst eintrat. Bis zu seiner Erhebung war er päpstlicher Berater. Als Papst ordnete er den gewaltig angewachsenen Grundbesitz der Kirche und benützte ihn zur Linderung der drückenden Not der Bevölkerung. Es gelang ihm, zwischen Langobarden und dem byzantinischen Exarchen in Ravenna einen Waffenstillstand zu vermitteln und damit zur Erhaltung des Friedens beizutragen. Mit Königin Theodelinde unterhielt er enge Beziehungen. Die heute noch im Domschatz zu Monza erhaltenen Geschenke sind ein Beweis dafür.

Gregor hatte auch die Bedeutung der Germanenmission erkannt. Epochemachend war schließlich sein Entschluß, 596 den Prior Augustinus des Andreasklosters in Rom mit ca. 40 Mönchen zur Bekehrung der Angelsachsen nach England zu schicken. Bei ihrer Tätigkeit sollten die Missionare an vorchristliche Bräuche anknüpfen. Gregor schickte sich auch an, den päpstlichen Primat in Ostrom zu behaupten. Als sich aber der Patriarch von Konstantinopel offiziell den Titel Ökumenischer Patriarch zulegte, nannte sich Gregor in aller Demut Diener der Diener Gottes.

Gregor verfaßte auch mehrere Schriften, die teils der Erbauung, teils pastoralen Zwecken dienten. In dem Werk *Dialoge über Leben und Wunder italischer Väter* hat er auch die Gestalt des hl. Benedikt dargestellt und sie damit der Vergessenheit entrissen. Er sprach ständig von der Buße, jedoch nie von einer Beichte. Seit dem 9. Jh. wurde Gregor in einem Atemzug mit Ambrosius († 397), Hieronymus († 420) und Augustinus († 430) genannt. Papst Bonifaz VIII. (1294–1303) führte erstmals amtlich Gregor als vierten großen Kirchenvater des Abendlandes an.

Die Päpste des Frühmittelalters

Von Sabinianus bis Gregor VI.
Von 604 bis 1046

Sabinianus 604–606

Aus Volterra. Gewählt: 13. September 604. Gestorben: 22. Februar 606.

Sabinianus, der unter Gregor I. Vertreter des Papstes in Konstantinopel war, zog sich als Papst wegen Ungerechtigkeiten bei der Verteilung des Getreides den Unmut des Volkes zu.

Bonifaz III. 607

Römer. Gewählt: 19. Februar 607. Gestorben: 12. November 607.

Unter Bonifaz III. fand in Rom eine Synode statt, die bestimmte, daß niemand zu Lebzeiten eines Papstes oder eines Bischofs über dessen Nachfolger befinden dürfe. Erst drei Tage nach dem Begräbnis sollten Klerus und „Söhne der Kirche“ eine Neuwahl vornehmen.

Bonifaz IV. 608–615

Aus der Provinz L'Aquila. Gewählt: 25. August 608. Gestorben: 8. Mai 615. Heilig. Fest: 25. Mai.

Kaiser Phokas (602–610) schenkte Papst Bonifaz IV. das Pantheon in Rom, das dieser 609 in ein Heiligtum Mariens und aller Märtyrer umwandelte. In einem Schreiben ermahnte der hl. Kolumban († 615) den Papst zur Wachsamkeit, an der es Papst Vigilius (537–555) habe fehlen lassen und forderte Bonifaz auf, die Verurteilungen seiner Vorgänger im Dreikapitelstreit zurückzunehmen.

Deusdedit (Adeodatus I.) 615–618

Römer. Gewählt: 19. Oktober 615. Gestorben: 8. November 618. Beigesetzt: St. Peter, Rom. Heilig. Fest: 8. November.

Nach dem *Liber Pontificalis*, war Deusdedit der erste Papst, der im Testament bestimmte, bei seinem Begräbnis Gaben zu verteilen.

Bonifaz V. 619–625

Aus Neapel. Gewählt: 23. Dezember 619. Gestorben: 25. Oktober 625.

Bonifaz V. verlieh Bischof Justus von Canterbury das erzbischöfliche Pallium.

Honorius I. 625–638

Aus Kampanien. Gewählt: 27. Oktober 625. Gestorben: 12. Oktober 638.

Verhängnisvoll wirkte sich die Stellungnahme dieses Papstes im Monotheletenstreit aus. Als Patriarch Sergius von Konstantinopel 634 dem Papst den Vorschlag machte, in Zukunft nicht mehr von zwei, sondern nur mehr von einem Willen in Christus zu sprechen, schloß sich Honorius dem an. Der Papst verstand diese Einheit wohl als moralische Übereinstimmung zwischen dem göttlichen und dem menschlichen Willen in Christus. Ihre besondere Bedeutung erhielt die Honoriusfrage erst, als das Allgemeine Konzil von Konstantinopel im Jahre 680/81 den Papst als Häretiker verurteilte. Papst Leo II. (682–683) hat das Konzil und damit dessen Urteil über Honorius bestätigt.

Die Erfahrung, daß ein Papst auch irren kann, führte später dazu, daß dem bekannten Rechtsprinzip: „Der Papst kann von niemandem gerichtet werden" die sogenannte Häresieklausel angehängt wurde: „... wenn er nicht vom Glauben abfällt." Angesichts dieser Tatsache ist es nicht verwunderlich, daß der Rottenburger Bischof Karl Josef von Hefele († 1893) beim I. Vatikanischen Konzil das Buch *Causa Honorii Papae* schrieb, in dem er aus geschichtlichen Gründen die Dogmatisierung der päpstlichen Unfehlbarkeit bekämpfte.

In Rom förderte Honorius den Bau der Kirchen S. Pancrazio und S. Agnese fuori le Mura, wo die hl. Agnes zwischen den zwei Päpsten Symmachus und Honorius dargestellt ist.

Severinus 640

Römer. Gewählt: 12. Oktober 638. Bestätigt: 28. Mai 640. Gestorben: 2. August 640.

Severinus, der schon 638 gewählt worden war, bekam erst 640 vom Kaiser Herakleius (610–641) die Bestätigung. Da er erst anschließend zum Bischof geweiht wurde, stellt sich die Frage nach dem Beginn der päpstlichen Autorität. Laut Canon 219 des *Codex Iuris Canonici* von 1917 erhält der rechtmäßig gewählte Papst nach göttlichem Recht die volle Gewalt, sobald er die Wahl angenommen hat.

Johannes IV. 640–642

Dalmatiner. Gewählt: 24. Dezember 640. Gestorben: 12. Oktober 642. Beigesetzt: St. Peter, Rom.

Johannes IV. berief 641 eine Synode nach Rom ein, die den Monotheletismus verwarf. Er ließ am Baptisterium im Lateran die Kapelle des hl. Venantius errichten und mit schönen Mosaiken schmücken, die acht Märtyrer der antiken Hafenstadt Salona und die Päpste Johannes IV. und den späteren Theodor I. darstellen.

Theodor I. 642–649

Grieche aus Jerusalem. Gewählt: 24. November 642. Gestorben: 14. Mai 649. Beigesetzt: St. Peter, Rom.

Nach dem *Liber Pontificalis* war Theodor der Sohn des Bischofs von Jerusalem. Energisch kämpfte Theodor gegen den Monotheletismus und exkommunizierte die Patriarchen von Konstantinopel Pyrrhus I. und Paulus II.

Martin I. 649–653/655

Aus Todi. Gewählt: 5. Juli 649. Abgesetzt: 17. Juni 653. Gestorben: 16. September 655 in Cherson, Krim. Beigesetzt: S. Martino ai Monti, Rom (?). Heilig. Fest: 12. November.

Schon im Jahre 649 berief der Papst eine Synode nach Rom ein, die den Monotheletismus scharf verurteilte. Daraufhin verbannte ihn der Kaiser nach Cherson auf die Krim, wo Martin starb. Noch zu seinen Lebzeiten hat man auf kaiserlichen Druck hin in Rom einen Nachfolger in der Person Eugens I. gewählt.

Eugen I. 654–657

Römer. Gewählt: 10. August 654. Gestorben: 2. Juni 657. Heilig. Fest: 2. Juni.

Eugen suchte den Ausgleich mit Konstantinopel. Allerdings konnte er eine vom Patriarchen 655 übersandte Kompromißformel wegen des Widerstandes in Rom nicht annehmen.

Vitalian 657–672

Aus Segni. Gewählt: 30. Juli 657. Gestorben: 27. Januar 672. Heilig. Fest: 27. Januar.

Auch Vitalian suchte den Frieden mit Konstantinopel. Einen schweren Schlag versetzte Kaiser Konstanz II. der römischen Kirche, als er im Jahre 666 Ravenna zur autokephalen Kirche erhob. Zum Bischof von Canterbury bestimmte Vitalian den griechischen Mönch Theodor von Tarsus und betraute ihn mit der Erneuerung der englischen Kirche.

Adeodatus II. 672–676

Römer. Gewählt: 11. April 672. Gestorben: 17. Juni 676.

Unter Adeodatus ging der Konflikt mit Konstantinopel weiter.

Donus 676–678

Römer. Gewählt: 2. November 676. Gestorben: 11. April 678.

Der Konflikt zwischen Rom und Konstantinopel hielt auch unter Donus an.

Agatho 678–681

Aus Sizilien. Gewählt: 27. Juni 678. Gestorben: 10. Januar 681. Heilig. Fest: 10. Januar.

Unter Agatho kam es endlich zur Aussöhnung mit Konstantinopel. Ein Schreiben des Papstes fand beim Allgemeinen Konzil von Konstantinopel im Jahre 680/81 freudige Aufnahme als „von dem höchsten göttlichen Gipfel der Apostel geschrieben“. Mit Zustimmung der päpstlichen Legaten wurden Monotheletismus, Patriarch Sergius und Papst Honorius verurteilt.

Leo II. 682–683

Aus Sizilien. Gewählt: 17. August 682. Gestorben: 3. Juli 683. Beigesetzt: St. Peter, Rom. Heilig. Fest: 3. Juli.

Leo II. akzeptierte die Verurteilung seines Vorgängers Honorius I. durch das Konzil von 680/81. Um die Erinnerung an die langersehnte Versöhnung mit Konstantinopel wachzuhalten, ließ er für die Griechen in Rom die Kirche S. Giorgio in Velabro bauen und weihte sie dem hl. Georg aus Kappadozien.

Benedikt II. 684-685

Römer. Gewählt: 26. Juni 684. Gestorben: 8. Mai 685. Heilig. Fest: 7. Mai.

Um die Verzögerung bei der päpstlichen Bestätigung zu vermeiden, bemühte sich Benedikt erfolgreich bei Kaiser Konstantin IV., daß dieses Recht wieder dem Exarchen von Ravenna übertragen wurde.

Johannes V. 685–686

Syrer. Gewählt: 23. Juli 685. Gestorben: 2. August 686.

Mit Johannes V., der Mitglied der päpstlichen Legation beim Konzil von 680/81 war, begann die Reihe der Päpste, die aus dem Osten stammten.

Konon 686–687

Gewählt: 21. Oktober 686. Gestorben: 21. September 687. Beigesetzt: St. Peter, Rom.

Konon, der als Sohn eines Offiziers in Sizilien erzogen worden war, gelang es nicht, die Spannungen, die wegen seiner Wahl in Rom entstanden waren, zu beseitigen.

Sergius I. 687–701

Syrer aus Palermo. Gewählt: 15. Dezember 687. Gestorben: 8. September 701. Heilig. Fest: 9. September.

Weil Sergius I. sich weigerte, die romfeindlichen Beschlüsse der Zweiten Trullanischen Synode von 692 zu akzeptieren, sollte er festgenommen und nach Konstantinopel gebracht werden. Die römischen Milizen aber weigerten sich, diesen Befehl auszuführen. Damit begann der Prozeß der politischen und religiösen Loslösung Roms von Konstantinopel. Sergius nahm eine Reihe von Festen, die im Osten gefeiert wurden, in den römischen Kirchenkalender auf, so Mariä Himmelfahrt, Mariä Lichtmeß und Mariä Verkündigung sowie das Fest Kreuzerhöhung. Auch führte er das Agnus Dei in die Messe ein. Im Jahre 695 weihte er Willibrord zum Erzbischof der Friesen.

Johannes VI. 701–705

Grieche. Gewählt: 30. Oktober 701. Gestorben: 11. Januar 705.

Auch Johannes VI. konnte sich einer Verhaftung durch den kaiserlichen Exarchen von Ravenna dank der italischen Milizen erfolgreich entziehen.

Johannes VII. 705–707

Grieche. Gewählt: 1. März 705. Gestorben: 18. Oktober 707.

Johannes VII. zeigte sich Konstantinopel gegenüber sehr nachgiebig, weswegen man ihn der Feigheit bezichtigte. Damals wurde die Kirche S. Maria in Scola Greca, die später den Namen S. Maria in Cosmedin bekam, Zentrum der griechischen Kolonie in Rom. In den Vatikanischen Grotten hat sich ein Porträt Johannes' VII. erhalten.

Sisinnius 708

Syrer. Gewählt: 15. Januar 708. Gestorben: 4. Februar 708.

Sisinnius, der nur zwanzig Tage lang regiert hat, ließ die römische Stadtmauer restaurieren.

Konstantin I. 708–715

Syrer. Gewählt: 25. März 708. Gestorben: 9. April 715.

Im Jahre 710 reiste Konstantin I. nach Konstantinopel, um eine Reihe von Problemen friedlich zu lösen. Bis hin zu Paul VI. setzte kein Papst mehr seinen Fuß in diese Stadt. Im Jahre 712 war Konstantin gegen die Erneuerung des Monotheletismus durch Kaiser Philippicus.

Gregor II. 715–731

Römer. Geboren: 669. Gewählt: 19. Mai 715. Gestorben: 11. Februar 731. Heilig. Fest: 13. Februar.

Mit Gregor II. bestieg der bedeutendste Papst des 8. Jh.s den Stuhl Petri. Als Kaiser Leon III. (717–741) 726 und 730 die Zerstörung aller Bilder anordnete, richtete Gregor einen geharnischten Brief an den Kaiser. Nicht weniger als fünfmal erhoben sich die italischen Milizen, um den Papst vor den byzantinischen Verfolgern zu schützen. Die Päpste wandten sich nun immer mehr der germanisch-fränkischen Welt zu. Bereits um 716 empfing Gregor II. den bayerischen Herzog Theodo. Im Jahre 719 erschien der angelsächsische Missionar Winfried († 754) in Rom. Gregor erteilte ihm den Missionsauftrag für Friesen und Sachsen und gab ihm den Namen Bonifatius. Im Jahre 722 kam Bonifatius zum zweiten Mal in die Ewige Stadt. Diesmal erteilte ihm der Papst die Bischofsweihe.

Gregor III. 731–741

Syrer. Gewählt: 18. März 731. Gestorben: 28. November 741. Heilig. Fest: 28. November.

Als sich der Konflikt mit Ostrom immer mehr zuspitzte, berief Gregor 731 eine Synode nach Rom ein und exkommunizierte die Bilderfeinde. Da rächte sich der Kaiser und ordnete Unteritalien, Sizilien, Illyrien und Griechenland dem Patriarchat von Konstantinopel zu. Große Bedeutung maß Gregor III. den germanischen Völkern zu. Als Bonifatius 737 zum dritten Mal in Rom erschien, ernannte ihn der Papst zum Legaten von Germanien. Wie ein Damoklesschwert bedrohte der Langobardenkönig Liutprand (712–744) den Papst, der 739 Hilfe bei Karl Martell suchte.

Zacharias 741–752

Grieche. Gewählt: 10. Dezember 741. Gestorben: 22. März 752. Heilig. Fest: 22. März.

Mit Zacharias bestieg der letzte Grieche den Stuhl Petri. Er wurde vom Langobardenkönig Aistulf (749–756) bedrängt, der einen regelrechten Wirtschaftskrieg gegen Rom führte. Für Pippin d. J. bereitete Zacharias 751 den Weg zum legalen Königtum. Mit Bonifatius führte er einen regen Briefwechsel und gab ihm Ratschläge für die Reform des germanischen Klerus. In der Kirche S. Maria Antiqua stellt ein Wandgemälde Papst Zacharias mit einem viereckigen Heiligenschein dar.

Stephan II. 752–757

Römer. Gewählt: 26. März 752. Gestorben: 26. April 757.

Da sich der Konflikt mit den Langobarden immer mehr zuspitzte und der Papst von Konstantinopel im Stich gelassen wurde, wandte sich Stephan an Pippin um Hilfe und reiste 754 ins Land der Franken. Damit überquerte ein Papst erstmals die Alpen. Für die Nachfolger des hl. Petrus begann nun ein neues Zeitalter. In Quierzy kam es zu einem Schenkungsversprechen, bei dem der König dem Papst alle Gebiete zusagte, die er den Langobarden entreißen werde. In Saint-Denis salbte Stephan Pippin und verlieh ihm den Titel eines Patricius Romanorum. Auf zwei Feldzügen 754 und 756 besiegte der Frankenkönig die Langobarden und übergab dem Papst die eroberten Gebiete. Damit war der Kirchenstaat geboren.

Paul I. 757–767

Römer. Gewählt: 29. Mai 757. Gestorben: 28. Juni 767. Heilig. Fest: 28. Juni.

Paul I. war ein Bruder des vorhergehenden Papstes. Seine Wahl zeigte der neue Papst nicht mehr dem byzantinischen Kaiser, sondern dem Frankenkönig an. Da der neue Papst während seines Pontifikats vor allem die Beamtenschaft begünstigte, kam es nach seinem Tod zu einer Revolte des Militäradels.

Stephan III. 768–772

Aus Sizilien. Gewählt: 1. August 768. Gestorben: 24. Januar 772.

Die schlimmen Folgen der Verbindung des Papsttums mit dem Kirchenstaat machten sich in Rom schon nach dem Tod von Paul I. bemerkbar. Papst Konstantin II. wurde 768 mit Hilfe der Langobarden ausgeschaltet, deren Kandidat Philippus konnte sich aber nicht durchsetzen. Schließlich wurde Stephan zum Papst gewählt, der aber vollends in den Strudel der Auseinandersetzungen zwischen den Söhnen Pippins, Karl und Karlmann, sowie der Langobarden geriet.

Hadrian I. 772–795

Römer. Gewählt: 1. Februar 772. Gestorben: 25. Dezember 795. Beigesetzt: St. Peter, Rom.

Mit Papst Hadrian I. begann das fränkische Jahrhundert der Papstgeschichte. Als der Langobardenkönig Desiderius 772 Rom belagerte, wandte sich der Papst an Karl den Großen um Hilfe, der 774 das Langobardenreich zerschlug. Im gleichen Jahr erneuerte Karl in Rom das Schenkungsversprechen von Quierzy, verzögerte aber dessen Umsetzung. Deshalb erinnerte Hadrian Karl 778 an sein Versprechen und berief sich auf die *Konstantinische Schenkung*. Da Karl dem Papst nun entgegenkam, bedankte sich Hadrian und unterstützte den König bei seinem Vorgehen gegen den Bayernherzog Tassilo (748–788). Zum Zweiten Konzil von Nizäa 787 schickte Hadrian päpstliche Legaten und bestätigte dessen bilderfreundliche Bestimmungen, die aber von Karl abgelehnt wurden.

Leo III. 795–816

Römer. Gewählt: 26. Dezember 795. Gestorben: 12. Juni 816. Beigesetzt: St. Peter, Rom.

Nach der Erhebung Leos III. entstand in Rom eine heftige Opposition gegen ihn. Bei einer Prozession 799 wurde der Papst überfallen und mißhandelt. Es gelang ihm jedoch zu Karl d. Großen nach Paderborn zu fliehen. Dieser ließ den Papst wieder nach Rom zurückbringen, wo er einen Reinigungseid ablegen mußte. Am Weihnachtstag krönte dann der Papst Karl zum Kaiser und huldigte ihm. Im Lateran ließ Leo ein Mosaik anbringen, das ihn selbst und Karl zeigt. Auf dem Krönungsfresko in der Stanza dell'Incendio im Vatikan trägt der Papst die Züge Leos X. und der Kaiser diejenigen Franz' I. von Frankreich.

Stephan IV. 816–817

Römer. Gewählt: 22. Juni 816. Gestorben: 24. Januar 817.

Stephan IV. reiste 816 nach Reims, um Ludwig den Frommen (814–840) zum Kaiser zu krönen, obwohl drei Jahre vorher dessen Vater, Karl der Große, ihm die Kaiserwürde bereits verliehen hatte.

Paschalis I. 817–824

Römer. Gewählt: 25. Januar 817. Gestorben: 11. Februar 824. Heilig. Fest: 14. Mai.

Mit dem sogenannten *Pactum Hludovicianum* von 817 bestätigte Kaiser Ludwig der Fromme die freie Papstwahl und gab sich mit der Anzeige der vollzogenen Weihe zufrieden. Nach der Ermordung von zwei fränkisch gesinnten päpstlichen Amtsträgern mußte Paschalis einen Reinigungseid ablegen. In Rom ließ der Papst die Kirchen Santa Prassede, Santa Maria in Domnica und Santa Cecilia in Trastevere errichten und mit Mosaiken schmücken, die Paschalis mit einem viereckigen Heiligenschein zeigen. In die letztgenannte Kirche ließ er auch die Überreste der hl. Cäcilia aus der Calixtus-Katakombe überführen.

Eugen II. 824–827

Römer. Gewählt: März 824. Gestorben: August 827.

Bei der Wahl Eugens II. brachen in Rom erneut heftige Unruhen aus. Im Jahre 824 erließ Kaiser Lothar die *Constitutio Romana*, die vorsah, daß die Konsekration erst stattfinden durfte, nachdem der neugewählte Papst dem Kaiser das Treuegelöbnis abgelegt hatte.

Valentin 827

Römer. Gewählt: August 827. Gestorben: September 827.

Dieser fromme Papst starb schon nach 40 Tagen.

Gregor IV. 827–844

Römer. Gewählt: Ende 827. Gestorben: 25. Januar 844.

Im Jahre 833 zog Gregor IV. in das Reich der Franken, um im Streit zwischen Ludwig dem Frommen und seinen Söhnen zu vermitteln. Den Franken erschien er aber eher als Unruhestifter. Weil die Sarazenen erstmals Rom bedrohten, ließ Gregor die Stadt Neuostia bauen. Mosaiken in der römischen Basilika San Marco zeigen Gregor IV. mit dem Gotteshaus in den Händen.

Sergius II. 844–847

Römer. Gewählt: Januar 844. Gestorben: 27. Januar 847.

Wegen Mißachtung der *Constitutio Romana*, die eine kaiserliche Zustimmung bei der Papstwahl erforderte, schickte Kaiser Lothar (840–855) seinen Sohn Ludwig II. nach Rom, um die Angelegenheit zu untersuchen. Sergius wurde dann als Papst anerkannt und krönte Ludwig 844 zum König der Langobarden. In seiner Regierungszeit wurden die Angriffe der Sarazenen immer bedrohlicher und im Sommer 846 plünderten sie sogar St. Peter und verwüsteten das Grab des Apostelfürsten.

Leo IV. 847–855

Römer. Gewählt: 10. April 847. Gestorben: 17. Juli 855. Beigesetzt: St. Peter, Rom. Heilig. Fest: 17. Juli.

Zur Abwehr der Sarazenen ließ Leo IV. das Viertel von St. Peter mit Mauern umgeben und gründete so die Leostadt. Als die Sarazenen 849 wieder erschienen, wurden sie bei Ostia von den päpstlichen Galeeren geschlagen. Ein Fresco Raffaels in der Stanza dell'Incendio im Vatikan erinnert heute noch an diesen Seesieg, Leo IV. trägt allerdings die Gesichtszüge Leos X. Ein Porträt von Leo IV. befindet sich in S. Clemente. Aller Wahrscheinlichkeit nach sind in dieser Zeit im westfränkischen Reich die *Pseudo-isidorischen Dekretalen* entstanden. Die Fälschungen haben zur Steigerung des päpstlichen Primates beigetragen.

Einer Legende aus dem 13. Jh. nach war Leos Nachfolger die Päpstin Johanna. Als Tochter eines Angelsachsen in Ingelheim geboren, ist sie 855 zum Papst gewählt worden und hat auf dem Weg von St. Peter zum Lateran, gleich hinter dem Kolosseum, ein Kind zur Welt gebracht. Anschließend wurde sie vom Volk gesteinigt und am Todesort begraben. In dieser Fabel hat sich wohl die Erinnerung an das Dunkle Jahrhundert in Rom niedergeschlagen. Durch die Aufnahme in die Chronik des angesehenen Dominikaners Martin von Troppau († 1278) fand die Legende große Verbreitung. Um das Jahr 1400 scheute man sich nicht, die Büste der Päpstin in der Reihe der Papstporträts aufzustellen, die im Dom von Siena die Wände zieren. Dort stand sie bis Kardinal Baronius Papst Clemens VIII. (†1605) bewog, sie zu entfernen. Endgültig wurde die Sage erst durch Ignaz von Döllinger (†1890) in seinem Werk *Die Papst-Fabeln des Mittelalters* widerlegt.

Mit der Päpstin Johanna hat auch die Geschichte des „Kotstuhls“ zu tun. Bei der Besitzergreifung des Laterans mußten sich die Päpste seit Paschal II. zur Demutsbezeugung auf einen Kotstuhl setzen. Mit dem Aufkommen der Legende der Päpstin Johanna diente die „sedes stercoraria“ dem Erweis der Männlichkeit des neuen Papstes.

Benedikt III. 855–858

Römer. Gewählt: 29. September 855. Gestorben: 7. April 858.

Nach dem Tode Leos IV. kam es wieder zu einer Doppelwahl. Benedikt III. konnte sich aber gegen Anastasius III. durchsetzen, der allerdings später wieder zu Ehren gelangte.

Nikolaus I. 858–867

Römer. Gewählt: 24. April 858. Gestorben: 13. November 867.

Nikolaus I. war der bedeutendste Papst des frühen Mittelalters. Er konnte sich erfolgreich gegen die Erzbischöfe Johannes von Ravenna und Hinkmar von Reims durchsetzen. Auch in die Eheangelegenheiten König Lothars II. mischte er sich ein. Zum schwersten Konflikt kam es mit der byzantinischen Kirche. In Unkenntnis der Lage in Konstantinopel griff Nikolaus im primär innerbyzantinischen Streit zwischen den Patriarchen Photius und Ignatius ein und sprach 863 über Photius das Anathem aus. Seine eigene Absetzung durch Konstantinopel 867 erlebte der Papst nicht mehr. Kurz vor seinem Tod lud er noch die Slawenapostel Kyrill und Method, die sich damals in Venedig befanden, nach Rom ein.

Hadrian II. 867–872

Römer. Gewählt: 14. Dezember 867. Gestorben: 14. Dezember 872.

Mit Hadrian II. ging das fränkische Jahrhundert der Papstgeschichte zu Ende. Vor seiner Erhebung war Hadrian verheiratet und hatte eine Tochter. Sein Charakter war untadelig, aber nachgiebig. Eine Synode in Konstantinopel von 869/70, die von der katholischen Kirche seit dem *Decretum Gratiani* von

1140 als ökumenisches Konzil betrachtet wird, bestätigte die Absetzung des Photius und stellte die Gemeinschaft mit dem Westen wieder her. 868 empfing Hadrian Kyrill und Method in Rom und billigte die slawische Liturgie. In S. Clemente zeigt ein Wandgemälde den Papst und die zwei Slawenapostel.

Johannes VIII. 872–882

Römer. Gewählt: 14. Dezember 872. Gestorben: 16. Dezember 882.

Johannes VIII. ließ sich mehr von Friedensgedanken als von Prestigedenken leiten. So stimmte er der Wiedereinsetzung des Photius beim Konzil von 879/80 in Konstantinopel zu. Für den Slawenapostel Method erreichte er die Freilassung aus der Gefangenschaft der bayerischen Bischöfe. Mit der Bulle *Industriae tuae* bestätigte er für den Slawenapostel die von Hadrian verliehenen Privilegien. 875 krönte Johannes VIII. Karl den Kahlen (875–877) zum Kaiser und 881 Karl III., der Rom vor den Sarazenen schützen sollte. Den Bischof von Porto, Formosus, ließ Johannes 876 absetzen, weshalb er nach den Fuldaer Annalen ermordet wurde. Mit Johannes VIII. begann das dunkle Jahrhundert der Papstgeschichte.

Marinus I. 882–884

Aus Gallese. Gewählt: 16. Dezember 882. Gestorben: 15. Mai 884.

Das Papsttum geriet nun völlig in den Machtkampf der römischen Parteien. Vor seiner Erhebung war Marinus Bischof von Cervetri. Er war der erste Papst, der vor seiner Erwählung schon ein Bistum innehatte. Diese Translation bedeutete einen Verstoß gegen das Kirchenrecht. Bischof Formosus gab er wieder sein Bistum Porto zurück.

Hadrian III. 884–885

Römer. Gewählt: 17. Mai 884. Gestorben: 17. September 885. Beigesetzt: Nonantola. Heilig. Fest: 8. Juli.

Als Hadrian III. auf Einladung Kaiser Karls III. 885 ins Frankenreich reiste, erreichte ihn unweit von Nonantola bei Modena der Tod.

Stephan V. 885–891

Römer. Gewählt: September 885. Gestorben: 14. September 891.

Als das Karolingerreich völlig zusammenbrach, sah sich der Papst 891 gezwungen, den Herzog von Spoleto (891–894) zum Kaiser zu krönen. Nach dem Tod Methods kam sein größter Gegner, Bischof Wiching von Neutra, nach Rom und erwirkte von Stephan die Verurteilung der slawischen Liturgie.

Formosus 891–896

Römer (?). Gewählt: 3. Oktober 891. Gestorben: 4. April 896. Beigesetzt: St. Peter, Rom.

Formosus, der Bischof von Porto war, wurde trotz Translationsverbot zum Papst gewählt. Im Jahre 892 wiederholte Formosus die Kaiserkrönung von Guido von Spoleto. Gleichzeitig krönte er auch dessen Sohn Lambert. Als der Druck der Spoletaner unerträglich wurde, rief er den ostfränkischen König Arnulf von Kärnten zu Hilfe und krönte ihn 896 zum Kaiser. Schwer krank mußte der neue Kaiser Rom verlassen. An dem bald darauf verstorbenen Papst nahm Lambert furchtbare Rache.

Bonifaz VI. 896

Römer. Gewählt: April 896. Gestorben: Mai 896.

Nach dem Tod des Formosus brachen in Rom Tumulte aus. Eine Volksmenge brachte den abgesetzten Priester Bonifaz auf den Stuhl Petri. Dieser starb aber bereits nach 15 Tagen.

Stephan VI. 896–897

Römer. Gewählt: Mai 896. Gestorben: August 897.

Rom wurde nun zum Kampffeld. Stephan veranstaltete die sogenannte Leichensynode. Formosus wurde exhumiert, dann wurde ihm der Prozeß gemacht und schließlich warf man den Leichnam in den Tiber. Diese Vorgangsweise bewirkte einen Volksaufstand, bei dem Stephan ermordet wurde.

Romanus 897

Aus Gallese. Gewählt: August 897. Gestorben: November 897.

Wahrscheinlich gelang es Anhängern des Formosus, ihren Kandidaten auf den Papstthron zu heben, der aber schon nach vier Monaten starb.

Theodor II. 897

Römer. Gewählt: Dezember 897. Gestorben: Dezember 897. Beigesetzt: St. Peter, Rom.

Theodor II., der das Papstamt ebenfalls der Formosianer Partei zu verdanken hatte, rehabilitierte Formosus und anerkannte die von ihm gespendeten Weihen.

Johannes IX. 898–900

Aus Tivoli. Gewählt: April 898. Gestorben: Mai 900.

Während die Antiformosianer den Bischof von Cervetri zum Papst Sergius III. wählten, erkoren die Formosianer den würdigen Abt Johannes von Tivoli, dem es gelang, seinen Gegner zu vertreiben. 898 hielt Johannes IX. eine wichtige Synode in Ravenna ab, die aber ohne Wirkung blieb.

Benedikt IV. 900–903

Römer. Gewählt: Mai/Juni 900. Gestorben: Juli/August 903.

Dank der Formosianer gelangte Benedikt auf den Papstthron. Aber das Papsttum stürzte immer tiefer ins Unheil. 901 krönte Benedikt Ludwig III. aus der Provence zum Kaiser.

Leo V. 903

Aus Ardea. Gewählt: Juli 903. Gestorben: September 903.

Leo wurde vom Priester Christophorus gestürzt, der sich nun selbst auf den Papstthron setzte. Christophorus wurde nach vier Monaten von Sergius III. abgesetzt, ins Gefängnis geworfen und schließlich hingerichtet.

Sergius III. 904–911

Römer. Gewählt: 29. Januar 904. Gestorben: 14. April 911.

Sergius, 898 als Papst vertrieben, gelang es mit Hilfe des Adeligen Theophylakt, den Papstthron wiederzugewinnen. Seine Vorgänger, Leo V. und Christophorus, ließ er mit Gewalt beseitigen und erklärte die Weihen des Formosus für ungültig. Seine Abhängigkeit von der Frau des Theophylakt und ihren zwei Töchtern Marozia und Theodora der Jüngeren erregte Abscheu. Vieles spricht dafür, daß Sergius mit Marozia ein Verhältnis hatte und daß aus dieser Verbindung der spätere Papst Johannes XI. hervorging. Die berüchtigte Marozia wurde „Senatrix, Mätresse, Mutter und Mörderin von Päpsten" genannt.

Anastasius III. 911–913

Römer. Gewählt: April 911. Gestorben: Juni 913.

Anastasius war völlig von der Familie des Theophylakt abhängig.

Lando 913–914

Aus dem Sabinerland. Gewählt: Juli 913. Gestorben: März 914.

Lando stand wie sein Vorgänger in völliger Abhängigkeit der Familie des Theophylakt.

Johannes X. 914–928

Aus Tossignano (Romagna) Gewählt: April 914. Gestorben: Juni 928.

Mit Johannes X., der vorher Erzbischof von Ravenna gewesen war, bestieg eine energische Persönlichkeit den Papstthron. An der Schlacht von Garigliano 915, in der die Sarazenen vernichtend geschlagen wurden, nahm der Papst persönlich teil. Schließlich wurde er aber Opfer der Marozia, die ihn ins in Gefängnis werfen und erdrosseln ließ. Nun war das Papsttum dieser Frau ausgeliefert, weshalb manche Historiker vom Zeitalter der Pornokratie sprechen.

Leo VI. 928

Römer. Gewählt: Mai 928. Gestorben: Dezember 928.

Seine Erhebung erfolgte durch Marozia, die das kurze Pontifikat völlig kontrollierte.

Stephan VII. 929–931

Römer. Gewählt: Januar 929. Gestorben: Februar 931. Beigesetzt: St. Peter, Rom.

Auch Stephan VII. war völlig der Senatorin Marozia ausgeliefert.

Johannes XI. 931-936

Römer. Gewählt: März 931. Gestorben: Januar 936.

Die herrschsüchtige Marozia schreckte nicht davor zurück, ihren eigenen Sohn zum Papst erheben zu lassen, dessen Vater aller Wahrscheinlichkeit nach Sergius III. war. Nachdem Marozia 932 mit Hugo von der Provence eine neue Ehe eingegangen war, ließ ihr Sohn Alberich II. sie und Papst Johannes XI. ins Gefängnis werfen, wo dieser dann starb.

Leo VII. 936–939

Römer: Gewählt: 3. Januar 936. Gestorben: 13. Juli 939.

Alberich II. (932–954) ernannte nach dem Tode seines päpstlichen Halbbruders Johannes XI. Leo VII. zum Papst, der im Einvernehmen mit Alberich den berühmten Abt von Cluny (927–942) mit der Reform der römischen Klöster betraute.

Stephan VIII. 939–942

Römer. Gewählt: 14. Juli 939. Gestorben: Oktober 942.

Stephan VIII. verdankte sein Pontifikat Alberich II., der die Geschicke Roms leitete.

Marinus II. 942–946

Römer. Gewählt: 30. Oktober 942. Gestorben: April/Mai 946.

Marinus II. war wie sein Vorgänger völlig von Alberich II. abhängig.

Agapet II. 946–955

Römer. Gewählt: 10. Mai 946. Gestorben: Dezember 955.

Wie sein Vorgänger wurde Agapet II. von Alberich II. zum Papst erhoben. Er verbot 952 Otto I. die Kaiserkrönung in Rom, unterstützte aber die Errichtung des Erzbistums Magdeburg.

Johannes XII. 955–964

Römer. Gewählt: 16. Dezember 955. Abgesetzt: 4. Dezember 963. Gestorben: 14. Mai 964.

Alberich II. ließ die Mächtigen Roms schwören, seinen sittenlosen Sohn Oktavian zum Nachfolger Petri zu erheben. In der Tat traf dies nach dem Ableben Agapets zu. Der 18jährige Oktavian legte seinen Geburtsnamen ab und nannte sich Johannes XII. Als Berengar II. von Ivrea 960 Rom bedrohte, rief der Papst König Otto I. (936–973) zu Hilfe, der 962 in Rom mit seiner Frau Adelheid die Kaiserkrone empfing. Damit kam es zu einer Erneuerung des Imperiums, das in Zukunft mit der deutschen Königswürde verbunden blieb. Mit dem *Privilegium Ottonianum* von 962 bestätigte Otto die Schenkungen der Karolinger an die Päpste. Johannes XII. versprach dem Kaiser Treue, aber kaum hatte Otto die Ewige Stadt verlassen, verband er sich mit dessen Feinden. Daraufhin setzte ihn der Kaiser ab und bestimmte Leo VIII. zum neuen Papst. Johannes aber gelang es, Leo VIII. aus Rom zu vertreiben. Nach Liutprand von Cremona starb Johannes XII. bei einem Liebesabenteuer an Herzversagen. Eine Synode von 991 nannte ihn: „Ein Ungeheuer ohne Tugend."

Leo VIII. 963–965

Römer. Gewählt: 4. Dezember 963. Gestorben: 1. März 965.

Kaiser Otto I. ließ Leo VIII. durch eine Synode 963 auf den Papstthron heben. Kaum aber hatte der Kaiser die Stadt verlassen, bemächtigte sich Johannes XII. wieder Roms und setzte Leo ab. Nach dem plötzlichen Tod Johannes' XII. wählten die Römer Benedikt V. Aber der Kaiser zwang den Römern wieder Leo auf.

Benedikt V. 964

Römer. Gewählt: 22. Mai 964. Abgesetzt: 23. Juni 964. Gestorben: 4. Juli 965/966 in Hamburg.

Nach dem Tod Johannes' XII. wählten die Römer Benedikt V., den Kaiser Otto I. aber durch eine Synode absetzen und nach Hamburg in die Verbannung schicken ließ, wo Benedikt auch gestorben ist.

Johannes XIII. 965–972

Römer. Gewählt: 1. Oktober 965. Gestorben: 6. September 972.

Der frühere Bischof von Narni wurde in Anwesenheit der kaiserlichen Gesandten Liutprand von Cremona und Otger von Speyer gewählt. Bei einem Aufstand wurde Johannes 966 festgenommen, aber dann aus Furcht vor dem Kaiser wieder eingesetzt. Am Weihnachtstag 967 krönte Johannes XIII. Otto II. zum Mitkaiser und erhob auf einer Synode in Ravenna ein Jahr später Magdeburg zum Erzbistum. 972 assistierte er bei der Eheschließung zwischen Otto II. und Theophanu zu Byzanz.

Benedikt VI. 973–974

Römer: Gewählt: 19. Januar 973. Gestorben: Juni 974.

Mit Zustimmung des Kaisers hoben die Römer Benedikt VI. auf den Papstthron. Nach dem Tod Ottos I. wurde Benedikt von der Familie des Crescentius gestürzt und auf Anweisung Bonifaz' VII. in der Engelsburg erdrosselt.

Benedikt VII. 974–983

Römer. Gewählt: Oktober 974. Gestorben: 10. Juli 983.

Auf Betreiben Ottos II. wählten die Römer den bisherigen Bischof von Sutri zum Papst, dessen Pontifikat aber durch Bonifaz VII. belastet wurde.

Johannes XIV. 983–984

Petrus Canepanova, Bischof von Pavia. Gewählt: September 983. Gestorben: 20. August 984.

Kaiser Otto II. bestimmte seinen bewährten Erzkanzler zum Papst, der sich Johannes XIV. nannte. Seit Johannes XII. war dies wieder der erste Namenswechsel. Der Tod Ottos II. 983 wirkte sich auf das Pontifikat Johannes' XIV. verhängnisvoll aus. Der skrupellose Bonifaz VII. bemächtigte sich Roms und ließ Johannes XIV. in der Engelsburg umkommen.

Bonifaz VII. 984–985

Römer. Gewählt: Juni 974, dann 20. August 984. Gestorben: Juli 985.

Mit dem ehemaligen Kardinaldiakon Franco bestieg ein regelrechter Verbrecher den Stuhl Petri. Von den Zeitgenossen wurde ihm der Namen „Malifatius“ gegeben. Schon im Juni 974 ließ Crescentius Bonifaz VII. erheben, der sogleich Benedikt VI. in der Engelsburg ermorden ließ. Durch einen kaiserlichen Gesandten vertrieben kehrte er 980 wieder zurück, flüchtete aber mit dem Kirchenschatz vor dem heranrückenden Kaiser Otto II. 981 nach Konstantinopel. Nach dem Tod des Kaisers ließ er mit Hilfe der Crescentier Johannes XIV. in der Engelsburg umkommen. Nach einem Jahr wurde er selbst gestürzt und umgebracht.

Johannes XV. 985–996

Römer. Gewählt: August 985. Gestorben: März 996.

Johannes Crescentius erhob Johannes XV., den Sohn eines römischen Priesters, zum Papst. Im kultischen Bereich führte Johannes eine folgenschwere Neuerung ein. Auf der Lateransynode von 993 sprach er Bischof Ulrich von Augsburg († 973) heilig. Seitdem wurden die Heiligsprechungen, die bisher durch Verehrung des Volkes sowie durch die Bischöfe und Synoden erfolgt waren, immer mehr ein Vorrecht des Papstes.

Gregor V. 996–999

Brun, Sohn Herzog Ottos von Kärnten. Geboren 972. Gewählt: 3. Mai 996. Gestorben: 18. Februar 999. Beigesetzt: St. Peter, Rom.

Zur allgemeinen Überraschung designierte Otto III. seinen 24jährigen Vetter Brun in Ravenna zum Papst. Mit ihm wurde der Namenswechsel bei den Päpsten zur Regel. Seinen Beschützer und Wohltäter Otto III. krönte Gregor 996 zum Kaiser. Er war auch der erste deutsche Papst. Sein Pontifikat wurde durch die Erhebung eines Gegenpapstes, der sich Johannes XVI. nannte, erheblich belastet.

Silvester II. 999–1003

Gerbert von Aurillac. Gewählt: 2. April 999. Gestorben: 12. Mai 1003. Beigesetzt: Lateranbasilika, Rom.

Mit der Erhebung seines französischen Freundes und Beraters traf Otto III. eine glänzende Wahl, denn er war einer der genialsten Päpste des Mittelalters. Er war auch der erste Franzose auf dem Papstthron. Im Jahre 1000 errichtete er im Einvernehmen mit Otto III. das Erzbistum Gnesen. Nach der Bekehrung des ungarischen Herzogs Stephan I. (997–1038) schickte ihm der Papst im Jahre 1000 die Königskrone. Im Jahre darauf errichtete er zusammen mit dem Kaiser das Erzbistum Gran. Mit der Eingliederung Polens und Ungarns in den Westen haben Papst und Kaiser ohne Zweifel einen großen Gewinn erzielen können.

Johannes XVII. 1003

Johannes Sicco. Römer. Gewählt: 16. Mai 1003. Gestorben: 8. November 1003.

Der Patrizier Johannes II. Crescentius riß die Herrschaft in Rom an sich und erhob Johannes XVII. auf den Papstthron.

Johannes XVIII. 1003–1009

Johannes Fasanus. Römer. Gewählt: 25. Dezember 1003. Gestorben: Juli 1009. Beigesetzt: St. Paul vor den Mauern, Rom.

Johannes XVIII., der eine Kreatur des Patriziers Johannes II. Crescentius war, bestätigte das von König Heinrich II. (1002–1024) 1007 errichtete Bistum Bamberg. Kurz vor seinem Tod zog er sich (wohl nicht ganz freiwillig) in das Kloster St. Paul vor den Mauern zurück.

Sergius IV. 1009–1012

Petrus, genannt Schweinsmaul. Römer. Gewählt: 31. Juli 1009. Gestorben: 12. Mai 1012.

Sergius IV. war weitgehend von Johannes II. Crescentius abhängig.

Benedikt VIII. 1012–1024

Theophylakt, von den Grafen von Tusculum. Gewählt: 18. Mai 1012. Gestorben: 9. April 1024.

Nach dem Tod von Johannes II. Crescentius im Jahre 1012 gelang es der Grafenfamilie, die Macht in Rom an sich zu reißen und Benedikt VIII. auf den Papstthron zu heben. Dieser konnte sich mit Hilfe von König Heinrich II. gegen den von den Crescentiern ernannten Papst Gregor VI. durchsetzen. Im Einvernehmen mit Heinrich II. hielt Benedikt 1022 in Pavia eine Synode ab, die Bestimmungen gegen die Klerikerehe erließ.

Johannes XIX. 1024–1032

Romanus. Gewählt: 19. April 1024. Gestorben: 20. Oktober 1032.

Johannes XIX. war der Bruder Benedikts VIII. und konnte dank der Tusculaner den päpstlichen Thron besteigen. Der wankelmütige und weltlich gesinnte Papst krönte 1027 Konrad II. (1024–1039) zum Kaiser.

Benedikt IX. 1032–1045

Theophylakt. Gewählt: 1032. Verzicht: 1. Mai 1045. Abgesetzt: 24. Dezember 1046. Gestorben: zwischen dem 18. September 1055 und dem 9. Januar 1056 in Grottaferrata.

Der Tusculaner Alberich III. übertrug das Papsttum seinem eigenen Sohn, dem Neffen seiner beiden Vorgänger. Im Jahre 1044 ging die Herrschaft der Tusculaner zu Ende. Benedikt wurde vertrieben und Silvester III. zum Papst erhoben. Aber Silvester III. wurde seinerseits davongejagt und Benedikt IX. wieder in sein Amt eingesetzt, der es aber dann seinem Taufpaten Gratian (Gregor VI.) um einen hohen Geldbetrag abtrat. Heinrich III. ließ ihn 1046 auf einer römischen Synode offiziell absetzen. 1048 und 1054 versuchte er erneut auf den Papststuhl zu gelangen.

Silvester III. 1045

Johannes von Sabina. Gewählt: 20. Januar 1045. Vertrieben: 10. Februar 1045. Abgesetzt: 20. Dezember 1046. Gestorben: 1062/63.

Nach der Vertreibung von Benedikt IX. gelangte Silvester III. auf den Papstthron, den er aber schon nach zwei Monaten verlassen mußte. Auf der Synode von Sutri wurde er 1046 von Heinrich III. abgesetzt.

Gregor VI. 1045–1046

Johannes Gratian. Römer. Gewählt: 5. Mai 1045. Abgesetzt: 20. Dezember 1046. Gestorben: um 1047 in Köln (?).

Benedikt IX. überließ das Papstamt gegen Erstattung einer beträchtlichen Geldsumme Johannes Gratian, Erzpriester an der Kirche S. Giovanni a Porta Latina, der sich nun Gregor VI. nannte. Als auf der Synode von Sutri 1046 seine simonistische Wahl bekannt wurde, zwang ihn Heinrich III. zurückzutreten. Dieser Rücktritt kam aber einer Absetzung gleich. Anschließend mußte Gregor VI. in die Verbannung nach Köln (?), wohin ihn Hildebrand, der spätere Papst Gregor VII., begleitete.

Die Päpste des Hochmittelalters

Von Clemens II. bis Bonifaz VIII.
Von 1046 bis 1303

Clemens II. 1046–1047

Suitger. Sachse. Gewählt: 24. Dezember 1046. Gestorben: 9. Oktober 1047 im Thomaskloster am Aposella bei Pesaro. Beigesetzt: Dom von Bamberg.

Heinrich III. designierte den Bamberger Bischof Suitger zum neuen Papst, der sich Clemens II. nannte. Er krönte Heinrich III. 1046 in St. Peter zum Kaiser. Mit Clemens II. begann nach den dunklen Jahrhunderten eine neue Epoche in der Geschichte des Papsttums. Leider starb der reformeifrige Papst schon 1047, vermutlich am Gift des abgesetzten Benedikt IX. Teile seines Ornats sind in Bamberg erhalten.

Damasus II. 1048

Poppo aus bayerischem Adel. Gewählt: 17. Juli 1048. Gestorben: 8. September 1048 in Palestrina. Beigesetzt: S. Lorenzo fuori le Mura, Rom.

Kaiser Heinrich III. designierte Bischof Poppo von Brixen zum Papst, der ihn 1046 nach Rom begleitet hatte. Nur mit Hilfe des Kaisers konnte sich Damasus II. gegen den abgesetzten Benedikt IX. behaupten. Wegen der großen Hitze begab er sich nach Palestrina, wo er vermutlich an Malaria starb. Manche Quellen sprechen von Gift.

Leo IX. 1049–1054

Bruno aus den Grafen von Egisheim-Dagsburg (Elsaß). Gewählt: 12. Februar 1049. Gestorben: 19. April 1054. Beigesetzt: St. Peter, Rom. Heilig. Fest: 19. April.

Auf dem Wormser Reichstag designierte Heinrich III. seinen Vetter, Bischof Bruno von Toul, zum neuen Papst. Mit Leo IX. kam die Reform der Kirche endlich zum Zug. Um frisches Blut in die Kirche zu bringen, berief er einige der fähigsten Köpfe nördlich der Alpen nach Rom. Mit ihrer Hilfe veranstaltete der Papst, der ständig auf Reisen war, innerhalb und außerhalb Roms zahlreiche Synoden, die sich in erster Linie gegen die Simonie und die Priesterehe wandten. Aber auch der Ruf nach Freiheit und Unabhängigkeit in der Kirche wurde immer lauter. 1053 wurde Leo IX. von den Normannen vernichtend geschlagen. Ein Jahr später kam es auch zum Bruch mit der byzantinischen Kirche. Inzwischen war aber der Papst schon verstorben.

Viktor II. 1055–1057

Gebhard. Gewählt: 16. April 1055. Gestorben: 28. Juli 1057 in Arezzo. Beigesetzt: S. Maria Rotonda (Mausoleum des Theoderichs), Ravenna.

Heinrich III. ernannte Bischof Gebhard von Eichstätt zum Papst, der nicht nur der letzte deutsche Bischof auf dem Papstthron, sondern auch der letzte von einem Kaiser eingesetzte Papst war. Nach dem Tod des Kaisers übernahm Viktor das Amt des Reichsverwesers und sicherte Heinrich IV. (1056–1106) die Nachfolge im Reich.

Stephan IX. 1057–1058

Friedrich von Lothringen. Gewählt: 3. August 1057. Gestorben. 29. März 1058. Beigesetzt: S. Reparata, Florenz.

Nach dem Tode Viktors II. wählte man in Rom sogleich Friedrich von Lothringen, der sich Stephan IX. nannte. Erst einige Wochen nach der Wahl bat Stephan die Reichsregentin und Kaiserinwitwe Agnes um die Anerkennung, die sogleich gewährt wurde. Mit Stephan kam ein Mann aus der Schule Leos IX. auf dem Papstthron. Das Pontifikat dauerte jedoch zu kurz, um entscheidende Reformen durchzuführen.

Benedikt X. 1058–1059

Johannes von Velletri, Graf von Tusculum. Gewählt: 5. April 1058. Abgesetzt: 24. Januar 1059. Gestorben: nach 1073.

Gleich nach dem Tod Stephans IX. in Florenz erhoben die Tusculaner in einem tumultuarischen Verfahren Bischof Johannes von Velletri auf den Papstthron, der aber von den Reformkreisen nicht anerkannt wurde. Nach der Wahl Nikolaus' II. erklärte eine Synode in Sutri Benedikt für abgesetzt.

Nikolaus II. 1059–1061

Gebhard von Burgund. Gewählt: 6. Dezember 1058. Inthronisiert: 24. Januar 1059. Gestorben: 20. Juli 1061. Beigesetzt: S. Reparata, Florenz.

Mit der Wahl von Nikolaus II., Bischof von Florenz, in Siena 1058 und dessen Inthronisation 1059 begann der steile Aufstieg des Papsttums, das während der nächsten zwei Jahrhunderte die Geschicke Europas entscheidend mitbestimmen sollte. Schon 1059 berief der Papst eine Lateransynode ein, die den Kardinalbischöfen das Recht verlieh, künftig den Papst zu wählen. In Melfi machte Nikolaus II. 1059 die Normannen zu seinen Vasallen.

Alexander II. 1061–1073

Anselm von Lucca. Gewählt: 1. Oktober 1061. Gestorben: 21. April 1073.

Alexander II. konnte sich auf der Synode von Mantua 1064 gegen seinen Rivalen Honorius II. durchsetzen. Im gleichen Jahre widmete Petrus Damiani Alexander II. eine kleine Abhandlung über die kurze Regierungszeit der Päpste, um ihn zu erinnern, daß er nur erbärmlicher Staub sei. Der neue Papst zeigte ein beträchtliches Interesse an kriegerischen Unternehmen, die den christlichen Anliegen dienten. So förderte er Wilhelm den Eroberer, als dieser sich 1066 anschickte, England einzunehmen. Alexander II. förderte auch die Reconquista in Spanien und die Pataria in Mailand, die gegen Simonisten, Adel und beweibten Klerus zu Felde zog. Damit bereitete er Gregor VII. den Weg.

Gregor VII. 1073–1085

Hildebrand aus Tuscien. Gewählt: 22. April 1073. Gestorben: 25. Mai 1085 in Salerno. Beigesetzt: Dom von Salerno. Heilig: 1606. Fest: 25. Mai.

Mit Gregor VII. bestieg eine jener Gestalten den Papstthron, die die Kirche bis heute nachhaltig geprägt haben. Während ihn sein Zeitgenosse Petrus Damiani einen „heiligen Satan“ genannte hatte, gebrauchte Martin Luther für Hildebrand das Wort „Höllenbrand“. Hildebrand dürfte um 1015 im toskanischen Soana geboren sein. 1047 begleitete er Gregor VI. in die Verbannung nach Deutschland. Leo IX. betraute ihn mit der Leitung des Klosters St. Paul vor den Mauern. Unter dem Druck der Volksmassen gewählt betrachtete sich Gregor VII. als die Reinkarnation des hl. Petrus. Aus dem Jahre 1075 stammte der berühmte *Dictatus papae*, demzufolge der Papst der universale Bischof ist, der alle richten kann, während er von niemandem gerichtet werden kann.

Mit dem Eifer eines Fanatikers ging er daran, die Kirche zu reformieren. Auf den Fastensynoden wurden scharfe Bestimmungen gegen Simonie, Priesterehe und Investitur erlassen. Mit der *militia sancti Petri* bereitete er auch die Kreuzzüge vor. Wegen der Bischofsbestellungen geriet Gregor mit Heinrich IV. in Konflikt. Damit begann der erbittertste Kampf (Investiturstreit) zwischen einem Papst und einem König in der Geschichte. Auf einer Versammlung in Worms 1076 ließ Heinrich den Papst absetzen. Noch auf der Fastensynode im gleichen Jahr bannte der Papst im Gegenzug Heinrich und enthob ihn seines Amtes. Die deutschen Fürsten wollten Heinrich die Anerkennung verweigern, falls er nicht innerhalb eines Jahres vom Bann gelöst würde. Da zog Heinrich nach Canossa, dem Schloß der Markgräfin Mathilde von Tuszien, wo ihn der Papst mit Widerstreben 1077 absolvierte. Canossa erregte großes Aufsehen und wurde zum geflügelten Wort. „Nach Canossa gehen wir nicht", rief Bismarck 1872 im deutschen Reichstag, und als Pius VI. 1782 nach Wien ging, um Josef II. in seinem Reformeifer zu stoppen, sprach man von einem umgekehrten Canossagang.

Da Heinrich an der Investitur festhielt, zögerte Gregor nicht und setzte ihn 1080 ein zweites Mal ab. Daraufhin ließ Heinrich auf einer Synode in Brixen Gregor absetzen und Bischof Wibert von Ravenna, der sich Clemens III. nannte, zum Gegenpapst erheben. Erst 1084 konnte Clemens III. nach Rom gelangen, wo er Heinrich zum Kaiser krönte. Als deutsche Soldaten die Engelsburg belagerten, wohin sich Gregor in Sicherheit gebracht hatte, eroberten die zu Hilfe gerufenen Normannen die Stadt und plünderten sie. Nun wandte sich auch das Volk gegen Gregor, der sich gezwungen sah, mit den Normannen nach Salerno zu ziehen, wo er starb. Seine letzten Worte lauteten: „Ich habe die Gerechtigkeit geliebt und die

Ungerechtigkeit gehaßt, deshalb sterbe ich in der Verbannung.“ In Rom erinnert die gewaltige 1961 geweihte Franziskanerkirche in der gleichnamigen Straße hinter dem Vatikan an Gregor VII.

Viktor III. 1086–1087

Desiderius. Gewählt: 24. Mai 1086. Gestorben: 16. September 1087 in Montecassino. Beigesetzt: Kloster von Montecassino. Selig: 1887. Fest: 16. September.

Viktor III., der einen versöhnlicheren Charakter besaß als sein Vorgänger, war seit 1058 Abt von Montecassino. Belastet war sein Pontifikat von den Auseinandersetzungen mit Clemens III.

Urban II. 1088–1099

Odo von Chatillon. Franzose. Gewählt: 12. März 1088. Gestorben: 29. Juli 1099. Beigesetzt: St. Peter, Rom. Selig. Fest: 29. Juli.

Das Pontifikat Urbans II., vor seiner Erhebung Kardinalbischof von Ostia, stand im Schatten des Gegenpapstes Clemens III. In dieser Zeit erfuhr die päpstliche Kurie einen beträchtlichen Ausbau. In Spanien förderte der Papst die Reconquista. Mit dem Aufruf zum ersten Kreuzzug auf der Synode von Clermont 1095 ist er in die Geschichte eingegangen. Mit dem Schlachtruf „Gott will es!“ (Deus lo vult) brachen die Kreuzfahrer im Sommer 1096 auf.

Paschalis II. 1099–1118

Rainer von Bieda (Romagna). Gewählt: 13. August 1099. Gestorben: 21. Januar 1118. Beigesetzt: Lateranbasilika, Rom.

Zum ersten Mal wird bei diesem Papst das Zeremoniell der Inbesitznahme des Laterans genau beschrieben. Hauptproblem des Pontifikats war die Investiturfrage. Zu einer radikalen Lösung kam es 1111 bei einem Vertrag in Sutri. Die Kirche sollte auf vom Reich stammende Güter verzichten, wenn der König von der Investitur absehen würde. Als Paschalis diese Vereinbarung in Rom verkündete, kam es zu regelrechten Tumulten. Nach zweimonatiger Haft in kaiserlichem Gewahrsam mürbe gemacht, erklärte Paschalis im Vertrag von Monte Mammolo

1111, die Forderungen Heinrichs' V. zu erfüllen. Unter dem Druck der Reformpartei sah sich der Papst aber gezwungen, den Vertrag für null und nichtig zu erklären und das Privileg von Monte Mammolo als „Pravileg" zu verdammen.

Gelasius II. 1118–1119

Johannes von Gaëta. Gewählt: 24. Januar 1118. Gestorben: 28. Januar 1119 in Cluny. Beigesetzt: Abtei Cluny.

Dieses Pontifikat stand ganz im Schatten der Rivalitäten zwischen den Familien der Frangipani und Pierleoni. Als Heinrich V. 1118 nach Rom zog, um nach dem Rechten zu sehen, floh der Papst nach Gaëta. In der Ewigen Stadt ernannte Heinrich den Erzbischof von Braga zum Gegenpapst, der sich Gregor VIII. nannte. Wieder in Rom, floh Gelasius vor den Frangipani nach Cluny.

Calixtus II. 1119–1124

Guido von Burgund. Gewählt: 2. Februar 1119. Gestorben: 13. Dezember 1124. Beigesetzt: Lateranbasilika, Rom.

Calixtus II. wurde in der geschichtsträchtigen Abtei von Cluny gewählt. Höhepunkt dieses Pontifikats war das Konkordat von Worms 1122, das zu den wichtigsten Verträgen der Papstgeschichte gehört. Darin verzichtete der Kaiser auf die Investitur mit Ring und Stab, behielt aber das Recht auf die mit dem Zepter zu vollziehende Regalieninvestitur. Eine endgültige Lösung der Frage sollte erst die Säkularisation von 1803 bringen. Durch das Laterankonzil von 1123 wurde das Wormser Konkordat ratifiziert.

Honorius II. 1124–1130

Lambert Scannabecchi aus Fiagnano bei Imola. Gewählt: 21. Dezember 1124. Gestorben: 13. Februar 1130. Beigesetzt: Lateranbasilika, Rom.

Der Streit zwischen den Familien Frangipani und Pierleoni um die Neubesetzung des päpstlichen Stuhls ging weiter. Nach einer Doppelwahl von Cölestin II. und Honorius II. erklärten sich beide Päpste bereit, zurückzutreten. Anschließend wurde Honorius in kanonischer Wahl zum Papst erhoben.

Große Probleme gab es damals mit den Normannen. Im Jahre 1128 schloß Honorius II. mit Roger II. Frieden und belehnte ihn mit Apulien.

Innozenz II. 1130–1143

Gregor Papareschi. Römer. Gewählt: 14. Februar 1130. Gestorben: 24. September 1143. Beigesetzt: S. Maria in Trastevere, Rom.

Nachdem die Kardinäle der Frangipani mit dem Kardinalkanzler Haimerich im Handstreich Gregor Papareschi, der sich Innozenz II. nannte, gewählt hatten, erhob eine Mehrheit Petrus Pierleoni, der den Namen Anaklet II. annahm, zum Papst. Sowohl Bernhard von Clairvaux als auch Erzbischof Norbert von Magdeburg und der deutsche König Lothar III. sprachen sich für Innozenz II. aus. Das Schisma fand aber erst mit dem Tode Anaklets 1138 ein Ende. Das Zweite Laterankonzil 1139 versuchte die Folgen der Kirchenspaltung zu beseitigen und erklärte weiters jede Ehe, die Kleriker nach dem Empfang von höheren Weihen eingehen, für ungültig. Ein Feldzug, den der Papst gegen die Normannen unternommen hatte, endete mit seiner Gefangenschaft. Innozenz II. ließ die Basilika S. Maria in Trastevere erneuern und mit herrlichen Mosaiken ausschmücken, die auch die Päpste Calixtus II. und Innozenz II. zeigen.

Cölestin II. 1143–1144

Guido von Città di Castello (Umbrien). Gewählt: 26. September 1143. Gestorben: 8. März 1144. Beigesetzt: Lateranbasilika, Rom.

Cölestin II. war wohl ein Schüler des großen Philosophen Abälard, dem er auch nach dessen Verurteilung durch die Synode von Sens 1140 treu verbunden blieb. Gerhoh von Reichersberg widmete dem frommen und gelehrten Papst den *Libellus de ordine donorum Sancti Spiritus.*

Lucius II. 1144–1145

Gerardo Caccianemici aus Bologna. Gewählt: 12. März 1144. Gestorben: 15. Februar 1145. Beigesetzt: Lateranbasilika, Rom.

Vor seiner Erhebung war Lucius II. päpstlicher Kanzler und Bibliothekar. Gegen die Pierleoni wandte sich Lucius II. an König Konrad III. (1138–1152) um Hilfe. Beim Sturm auf das Kapitol erlitt der Papst durch einen Steinwurf den Tod.

Eugen III. 1145–1153

Bernard Paganelli aus Pisa. Gewählt: 15. Februar 1145. Gestorben: 8. Juli 1153 in Tivoli. Beigesetzt: Lateranbasilika, Rom. Selig: 1872. Fest: 8. Juli.

Nach dem gewaltsamen Tod von Lucius II. wählten die Kardinäle den Abt des Zisterzienserklosters Tre Fontane, der sich Eugen III. nannte. Da sich der Papst weigerte, die republikanische Verfassung Roms anzuerkennen, war er gezwungen, mehr außerhalb als in Rom zu residieren. Dort herrschte inzwischen der Augustinerchorherr Arnold von Brescia, der radikal demokratische Ideen vertrat, das Kardinalskollegium eine Räuberbande nannte und im Papst einen Unhold sah. Nicht nur Arnold kritisierte den Papst und seine Kurie, sondern auch heilige Männer wie Bernhard von Clairvaux, der für Eugen III. das Werk *De consideratione* schrieb, einen regelrechten Papstspiegel. Nachdem 1144 Edessa in die Hände der Türken gefallen war, rief Eugen III. 1145 zu einem Kreuzzug auf, der aber mit einem völligen Mißerfolg endete. Im Konstanzer Vertrag von 1153 verpflichtete sich Friedrich I. (1152–1190), die Römer dem Papst zu unterwerfen.

Anastasius IV. 1153–1154

Konrad von Suburra. Römer. Gewählt: 12. Juli 1153. Gestorben: 3. Dezember 1154. Beigesetzt: Lateranbasilika, Rom.

Seit 1128 war Konrad von Suburra Kardinalbischof von Sabina. Erst im hohen Alter zum Papst erhoben, regierte Anastasius IV. nur kurze Zeit.

Hadrian IV. 1154–1159

Nikolaus Breakspeare. Engländer. Gewählt: 4. Dezember 1154. Gestorben: 1. September 1159 in Anagni. Beigesetzt: St. Peter, Rom.

Hadrian war der einzige Engländer in der langen Reihe der Päpste. Er gelangte in ein Kloster bei Avignon, wo er dank seiner überragenden Fähigkeiten bald zum Abt gewählt wurde. 1149 beförderte ihn Papst Eugen III. zum Kardinalbischof von Ostia. Hadrian IV. war ein versierter Diplomat, der zielstrebig den Ausbau der päpstlichen Macht vorantrieb. Allerdings soll er einmal gesagt haben, daß er bei seinem stufenweisen Aufstieg vom Kloster bis zur Papstwürde nie mehr den Frieden und die Ruhe seines früheren Lebens gefunden habe.

Eines der wichtigsten Anliegen Hadrians war die Klärung der untragbaren Lage in Rom. Im Jahre 1155 kam es zur Kaiserkrönung und Arnold von Brescia wurde auf Betreiben Friedrichs I. ergriffen und als Ketzer verbrannt. Anschließend kam es zu heftigen Spannungen mit dem Kaiser. Schon 1155 hatte Friedrich dem Papst in Sutri zunächst die Bügeldienste (Bügelaffäre) verweigert. Auf dem Reichstag von Besançon 1157 erweckte ein päpstliches Schreiben den Eindruck, als ob das Kaisertum ein Lehen des Papstes sei. Weitere Auseinandersetzungen gab es 1158 auf dem Reichstag von Roncaglia. Schon plante der Papst, den Kaiser zu exkommunizieren, als er starb.

Alexander III. 1159–1181

Roland Bandinelli, Siena. Gewählt: 7. September 1159. Gestorben: 30. August 1181. Beigesetzt: Lateranbasilika, Rom.

Roland Bandinelli war seit 1153 Kanzler der römischen Kirche und wichtiger Berater Eugens III. Die Politik Hadrians IV. führte 1159 zu einem gefährlichen Schisma. Nachdem eine Mehrheit Alexander III. gewählt hatte, erhob eine kaiserfreundliche Minderheit Viktor IV. auf den Papststuhl. Als Viktor 1164 starb, folgten ihm weitere Gegenpäpste. So war die Zeit Alexanders III. eine Zeit der Schismen, die sich von den früheren dadurch unterschied, daß nun keiner der Päpste auf Dauer in Rom residieren konnte.

Das Pontifikat Alexanders III. war beherrscht von der heftigen Auseinandersetzung mit Friedrich I. Der überwältigende Sieg der lombardischen Städte bei Legnano 1176 veranlaßte Friedrich, mit Alexander III. 1177 den Frieden von Venedig zu schließen. Das vom Papst 1179 einberufene Dritte Laterankonzil beschloß mit dem Dekret *Licet de vitanda* für die künftigen Papstwahlen die Zweidrittelmehrheit. Dieses Gesetz der Zweidrittelmehrheit bewährte sich in der Folgezeit. Während es vorher eine ganze Reihe von Gegenpäpsten gab, konnten Doppelwahlen in den nächsten zwei Jahrhunderten verhindert werden. Im Jahre 1173 hat Alexander III. Thomas Becket, der am 29. Dezember 1170 von königlichen Rittern in der Kathedrale von Canterbury erschlagen worden war, heiliggesprochen.

Lucius III. 1181–1185

Ubaldo Allucingoli, Lucca. Gewählt: 1. September 1181. Gestorben: 25. September 1185 in Verona. Beigesetzt: Dom, Verona.

Da sich Lucius III. in Rom nicht halten konnte, residierte er seit 1182 in Verona, wo Papst und Kaiser bei einer Synode beschlossen, gemeinsam mit aller Schärfe gegen die Ketzer vorzugehen. Dabei wurde die Bulle *Ad abolendam* erlassen, die jeden Bischof verpflichtete, von sich aus in seiner Diözese nach Ketzern zu fahnden. Hier lagen die Anfänge der berüchtigten Inquisition.

Urban III. 1185–1187

Humbert Crivelli, Mailand. Gewählt: 25. November 1185. Gestorben: 20. Oktober 1187 in Ferrara. Beigesetzt: Dom, Ferrara.

Urban III. wurde in Verona zum Papst gewählt. Die Hochzeit Heinrichs VI. mit Konstanze, der Tochter Rogers II. von Sizilien, im Jahre 1186, bedeutete die Umklammerung des Kirchenstaates. Dies zu verhindern war in den nächsten hundert Jahren die Hauptaufgabe der päpstlichen Italienpolitik.

Gregor VIII. 1187

Alberto de Morra, Benevent. Augustinerchorherr. Gewählt: 21. Oktober 1187. Gestorben: 17. Dezember 1187 in Pisa. Beigesetzt: Dom, Pisa.

Weil Saladin 1187 dem christlichen Heer bei Hattim eine schwere Niederlage bereitet hatte, rief Gregor VIII. zu einem Kreuzzug auf.

Clemens III. 1187–1191

Paolo Scolari, Römer. Gewählt. 19. Dezember 1187. Gestorben: 28. März 1191. Beigesetzt: Lateranbasilika, Rom.

Scolari wurde in Pisa gewählt, konnte dann aber nach Rom ziehen, wo er mit dem Senat einen Vertrag abschloß. Mit Friedrich I. suchte er eine Politik der Verständigung. 1189 kam es zum Abkommen von Straßburg, das die Rückgabe des Kirchenstaates vorsah.

Cölestin III. 1191–1198

Hyazinth Bobo, Römer. Gewählt: 10. April 1191. Gestorben: 8. Januar 1198. Beigesetzt: Lateranbasilika, Rom.

Nachdem Clemens III. 1191 unerwartet gestorben war, wählten die Kardinäle den Kardinaldiakon Hyazinth, der sich in dankbarer Erinnerung an Cölestin II. Cölestin III. nannte. Er war der älteste des Kardinalskollegiums und zählte bei seiner Wahl bereits 85 Jahre. Cölestin begann sein Pontifikat mit der Kaiserkrönung Heinrichs VI. (1190–1197). Trotz päpstlicher Einwendungen und Warnungen ließ sich Heinrich 1194 in Palermo zum König der Normannen krönen. Die Vereinigung des südlichen Königreiches mit dem Deutschen Reich stellte für den Kirchenstaat eine tödliche Bedrohung dar, die schließlich zum unseligen Kampf zwischen Papsttum und den Hohenstaufern führte.

Innozenz III. 1198–1216

Lothar von Segni. Geboren: 1160/61 in Gavignano (Segni). Gewählt: 8. Januar 1198. Gestorben: 16. Juli 1216 in Perugia. Beigesetzt: Lateranbasilika, Rom.

Mit der Erhebung Innozenz' III. erreichte das Papsttum seinen absoluten Höhepunkt. Auf ihn geht der Titel Stellvertreter Christi zurück. Mit diesem Papst beginnen auch die Wappen im Papstkatalog. Dem alten Adel der Grafen von Segni entstammend, hatte Innozenz III. sich in Paris und

Bologna gründlichen theologischen und juristischen Studien gewidmet und als Kardinal in den Geschäften der Kurie reiche Erfahrung gesammelt. Auf ihn geht die weitverbreitete Schrift über *Das Elend des Menschseins* zurück, in der es heißt, daß der Mensch aus „Dreck“ geschaffen ist.

Als Papst zeigte er hohe staatsmännische Fähigkeiten, Weitblick und unermüdlichen Schaffensdrang, gepaart mit einem ausgeprägten Sinn für Gerechtigkeit und Würde. Zeitgenossen feierten ihn als „Stupor mundi – Staunen der Welt“ und „Lux mundi – Licht der Welt“, er selbst fühlte sich vollends als Stellvertreter Christi auf Erden, „weniger als Gott, aber mehr als ein Mensch“. Gleich nach seiner Wahl begann er verlorengegangene Gebicte des Kirchenstaates zurückzugewinnen. Dabei ging es nicht immer höchst moralisch zu. Kritikern gegenüber entschuldigte sich der Papst mit den Worten aus dem Buch Sirach: „Wer Pech anfaßt, beschmutzt sich“. Innozenz III. hat auch die Leitung des Abendlandes beansprucht und das Papsttum zur führenden Ordnungsmacht in der abendländischen Christenheit gemacht. Bei der unseligen Doppelwahl in Deutschland entschied sich Innozenz III. zugunsten Ottos IV.

Damals klagte Walther von der Vogelweide über den nunmehr 40jährigen Innozenz: „O weh, der Papst ist noch zu jung: hilf Herr, deiner Christenheit!“ Als sich Otto daranmachte, das Erbe Friedrichs von Sizilien zu erobern, bannte ihn Innozenz. Dann veranlaßte er die Wahl des jungen Friedrich, der 1212 in Mainz zum deutschen König gekrönt wurde. Der von ihm betriebene vierte Kreuzzug im Jahre 1204 endete mit der Eroberung Konstantinopels und vergiftete die Atmosphäre zwischen Ost und West zutiefst.

Eines seiner größten Verdienste war, den Armutsideen des hl. Franziskus und des hl. Dominikus in der Kirche Heimatrecht verliehen zu haben. Krönung seines Pontifikats war schließlich 1215 das Vierte Laterankonzil, in dem der Papst eindeutig dominierte. Makabre Szenen spielten sich nach seinem Tode ab. Diebe drangen in die Kirche ein, rissen dem Papst die kostbaren Gewänder vom Leibe und ließen den Leichnam halbnackt zurück. Im Benediktinerkloster Subiaco wurde Innozenz III. von Meister Conxolus meisterhaft dargestellt.

Honorius III. 1216–1227

Cencio Savelli, Römer. Gewählt: 18. Juli 1216. Gestorben: 18. März 1227. Beigesetzt: S. Maria Maggiore, Rom.

Honorius III. war schon im vorgerückten Alter und führte ein mildes und auf Ausgleich bedachtes Regiment. Sein Hauptanliegen war die Durchführung des auf dem Laterankonzil beschlossenen Kreuzzuges. Aber Friedrich II. verzögerte immer wieder den Beginn, da es ihm hauptsächlich um die Vereinigung des Königreichs Sizilien mit dem Reich ging. Dennoch krönte ihn der Papst 1220 zum Kaiser. Von Bedeutung waren die päpstlichen Bestätigungen der Regeln der Dominikaner 1216, der Franziskaner 1223 und der Karmeliter 1226. Die Apsis von St. Paul vor den Mauern ließ der Papst mit herrlichen Mosaiken schmücken, die auch ihn darstellen.

Gregor IX. 1227–1241

Hugolin, Graf von Segni. Gewählt: 19. März 1227. Gestorben: 22. August 1241. Beigesetzt: St. Peter, Rom.

Gregor IX. war eine stürmische Persönlichkeit. Ihm ging es vor allem um die Aufrechterhaltung der päpstlichen Suprematie. 1227 bannte er Friedrich II., weil er den Kreuzzug abgebrochen hatte. Ein Jahr später unternahm der Kaiser den Kreuzzug, der aber mit einem Vertrag mit dem Sultan endete. Erst nach langen Verhandlungen kam es 1230 zum Frieden von San Germano. Die wiederholten Verletzungen der kirchlichen Rechte bewogen Gregor IX. 1239 wieder den Bannstrahl gegen den Kaiser zu schleudern. Als dieser mit der Besetzung des Kirchenstaates antwortete, berief der Papst ein Konzil nach Rom ein. Der Kaiser aber vereitelte es, indem er weit über hundert Prälaten, die mit Schiffen angereist kamen, unweit der Insel Elba gefangennehmen ließ.

Gregor war ein großer Gönner der Bettelorden. 1228 hat er Franziskus, 1232 Antonius von Padua, 1234 Dominikus und 1235 die ungarische Königstochter Elisabeth heiliggesprochen. 1231 veröffentlichte er die Bulle *Excommunicamus*, worin die Häresie mit dem Tod auf dem Scheiterhaufen bestraft wurde. Seine Gunst galt dem Kloster Subiaco, wo er als Kardinal mit dem hl. Franziskus dargestellt ist.

Cölestin IV. 1241

Goffredo Castiglioni, Mailand. Gewählt: 25. Oktober 1241. Gestorben: 10. November 1241.

Nach dem Tode Gregors IX. kam es zum ersten und wohl qualvollsten Konklave der Papstgeschichte. Der römische Senator Matteo Rosso sperrte die Kardinäle in einem antiken und ruinenartigen Bau, dem Septizonium, ein, wo sie dem Tod näher waren als dem Leben. Erst als Rosso drohte, den Leichnam Gregors IX. exhumieren und in vollem Ornat vorführen zu lassen, wählten sie den Kardinalbischof von Sabina. Der alte und hinfällige Mann starb jedoch schon 17 Tage später.

Innozenz IV. 1243–1254

Sinibaldo Fieschi, Lavagna. Gewählt: 25. Juni 1243. Gestorben: 7. Dezember 1254 in Neapel. Beigesetzt: Dom S. Gennaro, Neapel.

Sinibaldo Fieschis Vater war kaiserlicher Steuereintreiber. Sinibaldo selbst studierte in Bologna Jus und wurde 1227 Kardinalpriester von S. Lorenzo. Nach langer Sedisvakanz in Anagni gewählt, war Innozenz IV. von der römischen Vorstellung geprägt, daß der Papst der Richter aller sei und über jeglichem Gesetz stehe. Auch war er felsenfest überzeugt, daß dort Rom ist, wo der Papst ist. Seine zentrale Aufgabe sah er in der Vernichtung Friedrichs II. Er entzog sich der Macht des Kaisers durch seine unerwartete Flucht nach Lyon, wo er 1245 ein Konzil abhielt, das den Kaiser wegen Eidbruchs, Sakrilegs und Häresieverdachts absetzte und die deutschen Fürsten zu einer Neuwahl aufrief. Auch nach dem Tod Friedrichs 1250 war Innozenz IV. fest entschlossen, keinen Staufer mehr als Kaiser zu dulden. Deshalb bannte er auch dessen Sohn Konrad IV. Im weiteren Ausbau der Inquisition spielte Innozenz IV. eine unrühmliche Rolle. Mit der Bulle *Ad exstirpandam* führte er 1252 die Folter im Verhör ein.

Alexander IV. 1254–1261

Rainald, Graf von Segni. Gewählt: 12. Dezember 1254. Gestorben: 25. Mai 1261 in Viterbo. Beigesetzt: Dom, Viterbo.

Während der kaiserlosen Zeit in Deutschland trat Alexander für Wilhelm von Holland ein und nach dessen Tod verbot er die Wahl des Staufers Konradin. Als sich Manfred, ein Halbbruder Konrads IV., in Palermo zum König von Sizilien krönen ließ, erklärte der Papst die Krönung für null und nichtig. 1255 sprach er Klara von Assisi heilig, bestätigte den Orden der Serviten und errichtete 1256 den aus mehreren Eremitenverbänden entstandenen Orden der Augustinereremiten.

Urban IV. 1261–1264

Jacques Pantaléon. Geboren um 1200 in Troyes. Gewählt: 29. August 1261. Gestorben: 2. Oktober 1264 in Perugia. Beigesetzt: Dom, Perugia.

Drei Monate stritten die Kardinäle in Viterbo um die Nachfolge Alexanders IV. Schließlich wählten sie den zufällig an der Kurie weilenden Franzosen Pantaléon, der es als Sohn eines Schuhmachers bis zum Patriarchen von Jerusalem gebracht hatte. Mit ihm vollzog sich die Hinwendung des Papsttums nach Frankreich. 1263 bot er die Krone von Neapel und Sizilien Karl von Anjou, dem Bruder Ludwigs des Heiligen, an. Dieser nahm sie an und damit begann die drückende Abhängigkeit des Papsttums von Frankreich. 1264 führte Urban das Fronleichnamsfest ein.

Clemens IV. 1265–1268

Guido Fulcodi, St. Gilles (Rhone). Gewählt: 5. Februar 1265. Gestorben: 29. November 1268 in Viterbo. Beigesetzt: S. Francesco, Viterbo.

Guido Fulcodi war Rechtsberater Ludwigs IX., seit 1259 Erzbischof von Narbonne und seit 1261 Kardinal von Sabina. Von Clemens IV., der in Viterbo residierte, wird gesagt, daß er lange Zeit kein Fleisch aß, auf einem harten Bett schlief und grobe Kleidung trug. Ansonsten führte er die Politik seines Vorgängers weiter und belehnte 1265 Karl von Anjou mit dem Königreich beider Sizilien. Karl gelang es 1266, Manfred bei Benevent zu besiegen. Clemens tat nun alles, um den Italienzug des jungen Konradin zu verhindern. 1267 belegte er ihn mit Bann und Interdikt und ließ gegen ihn das Kreuz predigen. In der Schlacht von Tagliacozzo wurde Konradin 1268 von Karl besiegt und im gleichen Jahr in Neapel enthauptet. Mit ihm erlosch das Geschlecht der Hohenstaufen. Das Papsttum hatte zwar gesiegt, dieser Triumph glich aber einem Pyrrhussieg. 1267 hatte Clemens Hedwig, die Frau des Herzogs Heinrich von Schlesien, heiliggesprochen. In Viterbo ließ er den Papstpalast erbauen.

Gregor X. 1271–1276

Tebaldo Visconti. Geboren: 1210 in Piacenza. Gewählt: 1. September 1271. Gestorben: 10. Januar 1276 in Arezzo. Beigesetzt: Dom, Arezzo. Selig. Fest: 9. Januar.

Nach dem Tod Clemens IV. im Jahre 1268 kam es zur längsten Sedisvakanz der Papstgeschichte. Bei der Wahl waren die Kardinäle hoffnungslos in eine kaiserliche und eine französische Partei gespalten. Auf Anraten von Bonaventura schlossen die Behörden von Viterbo im zweiten Jahr der Wahl den Papstpalast hermetisch ab, rissen das Dach herunter und setzten die Wähler auf Wasser und Brot. Die Kardinäle blieben aber hart und erreichten eine Aufhebung der Sperre. Erst am 1. September 1271 einigten sie sich auf den ehemaligen Archidiakon von Lüttich, Tebaldo Visconti, der weder Priester noch Kardinal war und sich gerade auf einer frommen Pilgerreise ins Heilige Land befand. Deshalb konnte die Krönung, auf die der Papst größten Wert legte, erst am 27. März 1272 erfolgen.

Gregor X. war eine durchaus lautere und religiöse Persönlichkeit. Reform der Kirche, Union mit den von den Türken bedrohten Byzantinern und Hilfe für das Heilige Land waren die Hauptaufgaben seines Pontifikats. Zur Lösung dieser Probleme berief Gregor 1274 das Zweite Konzil von Lyon ein. Von größter Bedeutung wurde das vom Konzil erlassene Dekret *Ubi periculum*, das für die Papstwahl das Konklave vorschrieb und in allen Einzelheiten regelte. Die Konstitution bestimmte, daß die Kardinäle spätestens zehn Tage nach dem Tod des Papstes ein von der Außenwelt abgeschlossenes Gemach (cum clave) am Ort des Ablebens des Papstes zu beziehen hätten. Je länger sich die Wahl hinzöge, um so kärglicher sollten ihre Lebensbedingungen werden. Außerdem sollten den Kardinälen während der Sedisvakanz alle Einkünfte entzogen werden. Die Union mit der Ostkirche, die eher einem Diktat als einem Dialog gleichkam, fand bei Klerus und Volk keine Zustimmung.

Innozenz V. 1276

Petrus von Tarantaise, Champigny in Savoyen. Gewählt: 21. Januar 1276. Gestorben: 22. Juni 1276. Beigesetzt: Lateranbasilika, Rom. Selig: 1898. Fest: 22. Juni.

1276 war das einzige Vierpäpstejahr der Geschichte. Innozenz V., der der erste Papst aus dem Dominikanerorden war, geriet völlig in Abhängigkeit Karls von Anjou, der sogar in Rom residierte.

Hadrian V. 1276

Ottobono Fieschi, Genua. Gewählt: 11. Juli 1276. Gestorben: 18. August 1276 in Viterbo. Beigesetzt: S. Francesco, Viterbo.

Unter dem Druck Karls von Anjou wurde Hadrian V., ein Neffe Innozenz' IV., gewählt. In S. Francesco in Viterbo, wo er begraben liegt, hat ihm der berühmte Künstler Arnolfo da Cambio († 1302) ein prachtvolles Grabmal errichtet.

Johannes XXI. 1276–1277

Petrus Juliani. Geboren: 1210/20 in Lissabon. Gewählt: 8. September 1276. Gestorben: 20. Mai 1277 in Viterbo. Beigesetzt: Dom, Viterbo.

Petrus Juliani war der erste und bis heute auch der letzte Portugiese auf dem Papstthron. Er nannte sich Johannes XXI. in der falschen Meinung, daß es einen XX. Papst dieses Namens gegeben habe. Er ist wohl der Verwirrung in der Zählung der Päpste mit dem Namen Johannes im zehnten und elften Jahrhundert zum Opfer gefallen. Juliani, von Beruf Arzt, widmete sich ganz besonders auch der Philosophie. Als Papst führte er seine gelehrten Studien weiter und überließ die Führung der Geschäfte weitgehend Kardinal Giovanni Gaetano Orsini. Aufgrund seiner medizinischen Kenntnisse erhoffte sich Johannes XXI. ein langes Leben, fand aber ein plötzliches Ende. Im Mai 1277 wurde er von den Trümmern des kurz vorher neuerbauten Studierzimmers im Papstpalast in Viterbo erschlagen.

Nikolaus III. 1277–1280

Giovanni Gaetano Orsini, Rom. Gewählt: 25. November 1277. Gestorben: 22. August 1280 in Soriano. Beigesetzt: St. Peter, Rom.

Nikolaus III. war eine ausgesprochene Führernatur, die sich mit Innozenz III. vergleichen läßt. Ihm ging es vor allem darum, das Machtstreben Karls von Anjou zu zügeln. 1278 verbot er jedem Auswärtigen, in Rom die Senatorenwürde zu bekleiden. Erfolgreich waren seine Vermittlungsversuche zwischen Karl von Anjou und Rudolf von Habsburg, von dem er 1279 die Romagna bekam. Auch im Armutsstreit der Franziskaner suchte der Papst zu vermitteln. Er erneuerte die Residenzen am Vatikan und Lateran, wo er die Kapelle der Päpste errichten ließ, in der sich sein Bildnis aus der Hand Giottos befindet. Da er dem Nepotismus im Übermaß frönte, versetzte ihn Dante (1265–1321) in die Hölle.

Martin IV. 1281–1285

Simon von Brie. Gewählt: 22. Februar 1281. Gestorben: 28. März 1285 in Perugia. Beigesetzt: Dom, Perugia.

Im Jahre 1281 wurde in einem bewegten Konklave unter massivem Druck Karls von Anjou der Franzose Simon de Brie zum Papst gewählt, der sich Martin IV. nannte, obwohl es weder einen Martin II. noch einen Martin III. je gegeben hat. Die päpstlichen Listen haben nämlich fälschlicherweise Marinus I. und Marinus II. als Martin II. und Martin III. gezählt. Mit der Namenswahl des hl. Martin von Tours († 397), dem französischen Nationalheiligen, hat der neue Papst, der vor seiner Wahl Kanzler König Ludwigs IX. gewesen war, gleich zu erkennen gegeben, wessen Kind er war. In der Tat hat er sich zum Hofkaplan Karls von Anjou erniedrigen lassen, der nun zum eigentlichen Herrscher des Kirchenstaates wurde. Ihm zuliebe bannte er sogar den byzantinischen Kaiser Michael VIII. und förderte den lange geplanten Krieg Karls gegen das byzantinische Kaiserreich. Byzanz wurde 1282 nur durch die Sizilianische Vesper gerettet. Dabei befreiten sich die Sizilianer vom Joch Karls und riefen Peter von Aragon (†1285) zu Hilfe, der in Palermo als Befreier begrüßt wurde. Dante hat Martin IV. ins Fegefeuer gesteckt.

Honorius IV. 1285–1287

Giacomo Savelli. Geboren: um 1210 in Rom. Gewählt: 2. April 1285. Gestorben: 3. April 1287. Beigesetzt. S. Maria in Aracoeli, Rom.

Giacomo Savelli war ein Großneffe Honorius' III., der sich in Erinnerung an seinen Verwandten Honorius IV. nannte. Da er aus einer vornehmen römischen Familie stammte, konnte er von Perugia nach Rom ziehen und dort im Savellipalast auf dem Aventin ohne Probleme residieren.

Nikolaus IV. 1288–1292

Girolamo Masci, Lisciano bei Ascoli. Gewählt: 22. Februar 1288. Gestorben: 4. April 1292. Beigesetzt: S. Maria Maggiore, Rom.

Mit Nikolaus IV. bestieg zum ersten Mal ein Franziskaner den päpstlichen Stuhl. Im Mai 1291 fiel Akkon, wodurch die Christenheit die letzte Stütze im Heiligen Land verlor. Nikolaus IV. ist als Missionspapst in die Geschichte eingegangen. In seinem Auftrag gelangte der Franziskaner Johannes von Montecorvino sogar über Persien und Indien nach China. Nikolaus war auch ein großer Förderer der Kunst. Sein Bildnis befindet sich sowohl in der mosaikgeschmückten Apsis von Santa Maria Maggiore als auch in jener der Lateranbasilika.

Cölestin V. 1294

Pietro del Murrone. Geboren: 1215 in Isernia. Gewählt: 5. Juli 1294. Abdankung: 13. Dezember 1294. Gestorben: 19. Mai 1296 in Castello di Fumone. Beigesetzt: S. Maria di Collemaggio, L'Aquila. Heilig: 1313. Aus dem Festkalender gestrichen.

Nach so vielen Juristenpäpsten wollte man einmal einen ganz unpolitischen, reformeifrigen und heiligmäßigen Oberhirten haben, der die längst fällige Erneuerung der Kirche in Angriff nehmen würde. So wählte man im Jahre 1294 den frommen Einsiedler Petrus von Murrone, der sich Cölestin V. nannte. Er regierte aber nur fünf Monate, denn es zeigte sich bald, daß der theologisch ungebildete, arglos gutmütige und weltunkundige Mann seiner Aufgabe in keiner Weise gewachsen war. Er geriet bald in Abhängigkeit von König Karl II. von

Anjou, der ihn veranlaßte, seine Residenz sogar nach Neapel zu verlegen.

Seine Unzulänglichkeiten erkennend, kam Cölestin der Gedanke, auf sein Amt zu verzichten. Nach Rücksprache mit den Kardinälen, die ihm versicherten, daß eine Abdankung möglich sei, entschloß er sich am Tag der heiligen Lucia zum Rücktritt und blieb trotz aller Gegenbemühungen bei seinem Entschluß. Dieser Verzicht rief in der Christenheit große Entrüstung hervor. Da sein Nachfolger Bonifaz VIII. fürchtete, seine Gegner könnten sich Cölestins bemächtigen und ein Schisma in der Kirche auslösen, ließ er Cölestin bis zu dessen Tod in der Burg Fumone in Haft halten. Hatte Petrarca Cölestin wegen seiner Demut gepriesen, so verwies ihn Dante im dritten Gesang des Inferno unter die Feiglinge, weil er „feig beging den großen Amtsverzicht". Seine Abdankung bewahrte indes die Kirche vor dem Chaos.

Bonifaz VIII. 1294–1303

Benedikt Caetani. Geboren: um 1235 in Anagni. Gewählt: 24. Dezember 1294. Gestorben: 11. Oktober 1303. Beigesetzt: St. Peter, Rom.

Benedikt Caetani stammte aus einer Adelsfamilie, studierte in Bologna Jus und wurde 1281 Kardinaldiakon von S. Nicola in Carcere. Er war zwar eine der willensstärksten, aber auch habgierigsten und herrschsüchtigsten Gestalten auf dem Papstthron. Wörtlich hat er gesagt, daß der römische Bischof „alle Rechte im Schrein seiner Brust" habe. Da er glaubte, der Erzbischof von Genua, Porchetto Spinola († 1321), mache gemeinsames Spiel mit seinen Feinden, streute er ihm die Asche am Aschermittwoch nicht auf das Haupt, sondern in die Augen. Für die Heiligung der Gläubigen, aber auch um die leeren Kassen in Rom zu füllen und um das etwas ramponierte Image des Papstes aufzupolieren, führte Bonifaz VIII. im Jahre 1300 das erste Heilige Jahr ein. Der Andrang der Pilger war so groß, daß man auf der Engelsbrücke, die damals allerdings noch keine Engel trug, einen Einbahnverkehr einführen mußte.

Dieser Papst, der in einem heftigen Konflikt mit dem französischen König Philipp dem Schönen stand, erließ 1302 die berüchtigte Bulle *Unam Sanctam*, die zum klassischen Dokument der päpstlichen Hierokratie wurde. Nach dieser Bulle gibt es nur eine Kirche und außer ihr kein Heil. Die Bulle endet mit dem Satz: „So erklären wir, sagen und bestimmen, daß alle menschliche Kreatur heilsnotwendig dem Papst in Rom untertan sein muß.“ Philipp beantwortete das provozierende Dokument mit der Festnahme des Papstes im September 1303 im päpstlichen Schloß zu Anagni. Daß der Papst bei dieser Gelegenheit eine Ohrfeige bekommen hätte, ist Legende. Seinen Gegnern soll er aber zugerufen haben: „Hier mein Nacken, hier mein Haupt“, eher bereit den Tod zu erleiden, als abzudanken, wie man von ihm verlangte. Bonifaz hat aber diese Demütigung nicht lange überlebt. Schon wenige Wochen später starb er in Rom. Die von seinem Vorgänger Cölestin V. ausgesprochenen Worte haben sich bewahrheitet: „Wie ein Fuchs bist du hereingekommen, wie ein Löwe wirst du regieren, wie ein Hund wirst du verenden.“

Die Gefangennahme von Papst Bonifaz VIII. in Anagni. Miniatur aus der Chronik des Giovanni Villani.

Die Päpste des Spätmittelalters

Von Benedikt XI. bis Eugen IV.
Von 1303 bis 1447

Benedikt XI. 1303–1304

Niccolò Boccasini. Geboren 1240 in Treviso. Dominikaner. Gewählt: 22. Oktober 1303. Gestorben: 7. Juli 1304. Beigesetzt: S. Domenico, Perugia. Selig: 1736. Fest: 7. Juli.

Benedikt XI. war ein gutmütiger und friedliebender Mann, der einen Großteil der Maßnahmen, die Bonifaz VIII. gegen Philipp den Schönen ergriffen hatte, wieder zurücknahm und sogar die Colonna-Kardinäle vom Bann löste. Wegen der Machenschaften der verschiedenen Parteien sah er sich sogar gezwungen, Rom zu verlassen und sich ins ruhige Perugia zurückzuziehen. Niemand ahnte damals, daß mehr als 60 Jahre vergehen würden, bis wieder ein Papst den Boden der Ewigen Stadt betreten würde.

Clemens V. 1305–1314

Bertrand de Got. Franzose. Gewählt: 5. Juni 1305. Gestorben: 20. April 1314 in Avignon. Beigesetzt: Notre Dame, Uzeste.

Diese Wahl war die folgenreichste der Geschichte, denn mit ihr begann der Aufenthalt der Päpste in Avignon. Clemens V., ehemaliger Bischof von Bordeaux, war ein Hypochonder, ein Nepotist und ein gefügiges Werkzeug in den Händen des französischen Königs. 1309 schlug er seine Residenz in Avignon auf, das damals den Anjou von Neapel gehörte. Der Satz „wo der Papst ist, ist Rom", von Heinrich von Susa († 1271) geprägt, diente den Nachfolgern des hl. Petrus dieser Zeit, ihren Aufenthalt in Avignon zu rechtfertigen. Durch die Preisgabe des Templerordens erreichte Clemens V. die Einstellung des Prozesses gegen Bonifaz VIII., den der französische König verlangte. Da auf dem Konzil von Vienne die Mehrheit der Konzilsväter die Anklage gegen den Orden als nicht erwiesen ansah, hob ihn der Papst auf dem Verwaltungswege 1312 auf. Der Untergang des Templerordens zählt zu den tragischesten Vorgängen der gesamten Kirchengeschichte. In

Vienne wurde erstmals eine „Reform der Kirche an Haupt und Gliedern" gefordert, ein Ruf, der bis zum Konzil von Trient nicht mehr verstummen sollte. Clemens V., für den auch Dante nur Verachtung übrig hatte, ist als der „Hirte ohne Gesetz" in die Geschichte eingegangen.

Johannes XXII. 1316–1334

Jacques Duèse. Franzose. Geboren um 1244 in Cahors. Gewählt: 7. August 1316. Gestorben: 4. Dezember 1334 in Avignon. Beigesetzt: Kathedrale, Avignon.

Der kleinwüchsige und kränkliche Jacques Duèse, seit 1310 Bischof von Avignon, wurde auf Druck des Bruders des französischen Königs nach zweijähriger Sedisvakanz in Lyon mit 72 Jahren zum Papst gewählt. Obwohl er vielen als Übergangspapst galt, regierte er 18 Jahre lang und wurde 90 Jahre alt. Als glänzendem Juristen, aber theologischem Dilettanten war Johannes XXII. zur Erreichung seiner Ziele jedes Mittel recht. Wie sein Vorgänger frönte er dem Nepotismus und betrieb vor allem eine verhängnisvolle Finanzpolitik. Wer die hohen Steuern nicht bezahlen konnte, wurde kurzerhand exkommuniziert. Im Jahre 1328 schloß er 36 Bischöfe und 46 Äbte aus der Kirche aus, weil sie die fälligen Gebühren nicht entrichtet hatten. Von ihm sagte Dante, daß er nicht Petrus und Paulus, sondern das Bild des Täufers auf dem Florentiner Gulden verehre.

Im Jahre 1324 veröffentlichte Marsilius von Padua in Paris ein Werk mit dem Titel *Defensor pacis*, in dem er den Papst dem Konzil, aus Klerikern und Laien zusammengesetzt, unterstellte. Immerhin erfolgte durch diesen Papst 1323 die Heiligsprechung von Thomas von Aquin. In seiner Lobrede auf den Heiligen sagte Johannes XXII: „Er wirkte so viele Wunder, als er Kapitel schrieb". Da für den Papst Frankreich der Nabel der Welt war, geriet er mit Ludwig dem Bayern (1314–1347), den er verächtlich „Bavarus" nannte, in Konflikt. Die Auseinandersetzung nahm apokalyptische Dimensionen an. Als Ludwig 1328 nach Italien zog, ließ er sich von Sciarra Colonna zum Kaiser krönen und Nikolaus V. zum Gegenpapst erheben.

Benedikt XII. 1334–1342

Jacques Fournier, aus Saverdun bei Toulouse. Zisterzienser. Gewählt: 20. Dezember 1334. Gestorben: 25. April 1342 in Avignon. Beigesetzt: Kathedrale, Avignon.

Benedikt XII. war ein sittenstrenger und überaus frommer Papst, überzeugt von der Reformbedürftigkeit der Kirche. Daher leitete er auch eine ganze Reihe von Reformen ein, die vor allem die Kurie, den Klerus und die Orden betrafen. Obschon Benedikt eine baldige Rückkehr nach Rom in Aussicht stellte, begann er mit dem gewaltigen Bau des Papstpalastes in Avignon. Deshalb verurteilte ihn Petrarca überaus scharf und nannte ihn einen weintrunkenen Steuermann.

Clemens VI. 1342–1352

Pierre Roger de Beaufort. Geboren: 1291 in Burg Maumont (Corrèze). Benediktiner. Gewählt: 7. Mai 1342. Gestorben: 6. Dezember 1352 in Avignon. Beigesetzt: Abtei La Chaise-Dieu.

Freigebig bis zur Verschwendung, war Clemens VI. der mondänste aller Päpste Avignons. Seine Kurie unterschied sich kaum mehr von irgendeinem weltlichen Hof. Deshalb schrieb Petrarca voller Sarkasmus, ein künftiger Papst werde die Kurie vollends nach Bagdad verlegen. Wie sein Vorgänger war auch Clemens VI. Südfranzose und noch mehr als jener von der französischen Politik abhängig. Daher war an eine Aussöhnung mit Ludwig dem Bayern nicht zu denken. Vielmehr ließ er Sonntag für Sonntag den Kaiser bannen und tat alles, um die Kurfürsten für eine Neuwahl zu gewinnen. Der erbitterte Kampf endete erst 1347 mit dem Tod Ludwigs. Schon ein Jahr vorher hatten die Kurfürsten den Luxemburger Karl IV. (1346–1378) zum deutschen König gewählt, der der Kurie viele Zugeständnisse machte und deshalb als „Pfaffenkönig“ in die Geschichte einging.

Im Jahre 1348 erwarb Clemens VI. von der Königin von Neapel die Grafschaft Avignon, die bis zur Französischen Revolution im Besitz der Päpste blieb. Den Papstpalast ließ er zu einem der imposantesten Gebäudekomplexe des Mittelalters ausbauen. Während des Pestjahres 1348 zeigte er sich mildreich und für viele war es eine große Freude, als Clemens für 1350 ein Jubeljahr genehmigte, das sich nun alle 50 Jahre wiederholen sollte.

Innozenz VI. 1352–1362

Etienne Aubert, Monts (Limousin). Gewählt: 18. Dezember 1352. Gestorben: 12. September 1362. Beigesetzt: Kartause Villeneuve-lès-Avignon.

Bei der Wahl von Etienne Aubert, einem Mann von einwandfreiem Lebenswandel, wurden erstmals Wahlkapitulationen aufgestellt, welche den Herrschaftsspielraum des zukünftigen Papstes zugunsten der Kardinäle einschränken sollten. Aber Innozenz erklärte, wie andere Päpste in der Folge auch, die beschworenen Kapitulationen für null und nichtig, da er bei der Ablegung des Schwures nur Kardinal gewesen und nun als Papst seinen Stand verändert habe. Wegen der Abwesenheit des Papstes herrschten im Kirchenstaat geradezu chaotische Zustände. In Rom hatte 1347 der schwärmerische Cola di Rienzo die Macht an sich gerissen und wollte als „neuer Augustus“ in Italien und in der Welt die Ordnung wiederherstellen. Zur Vorbereitung einer Rückkehr nach Rom schickte Innozenz 1353 Kardinal Albornoz nach Italien. Mit Genehmigung Innozenz’ VI. empfing Karl IV. 1355 in Rom die Kaiserkrone. Ein Jahr später aber erließ dieser die *Goldene Bulle*, welche die päpstlichen Rechte bei der Krönung einfach überging.

Urban V. 1362–1370

Guillaume Grimoard. Franzose. Benediktiner. Gewählt: 28. September 1362. Gestorben: 19. Dezember 1370 in Avignon. Beigesetzt: St. Viktor, Marseille. Selig: 1870. Fest: 19. Dezember.

Der ehemalige Abt von St. Viktor in Marseille war ein sittenstrenger und tieffrommer Mönch, der aber nicht immer das diplomatische Spiel der Kurie durchschaute. Dennoch gilt er als der beste der avignonensischen Päpste. Eine unrühmliche Rolle spielte Urban in der Ausweitung des päpstlichen Stellenverfügungsrechtes und damit des päpstlichen Fiskalismus. Sowohl Kaiser Karl IV., als auch die hl. Birgitta von Schweden und der Dichter Petrarca baten den Papst, nach Rom zurückzukehren. In der Tat kam der Papst 1367 nach Rom. Der Aufenthalt in Rom erwies sich aber als gefährlich. Der Tod des Kardinals Albornoz 1367 hatte den Papst eines wirksamen militärischen Verteidigers beraubt. 1370 kehrte Urban wieder nach Avignon zurück, wo er kurz darauf starb. Birgitta von Schweden hatte ihm den baldigen Tod in Avignon vorausgesagt.

Gregor XI. 1370–1378

Pierre Roger. Geboren: 1329 in Rosiers d'Egletons. Gewählt: 30. Dezember 1370. Gestorben: 27. März 1378 in Rom. Beigesetzt: S. Maria Nova, Rom.

Gregor XI., von seinem Onkel Clemens VI. mit 18 Jahren zum Kardinal ernannt, war sittenrein, von starker Sensibilität und schwächlicher Gesundheit. Die dringenden Bitten Katharinas von Siena und Birgittas von Schweden, nach Rom zurückzukehren, hatten sichtlich Erfolg. Katharina hatte dem Papst wörtlich geschrieben: „Handelt so, daß ich mich nicht von Euch auf Christus den Gekreuzigten berufen muß, denn nur an ihn könnte ich mich wenden, da auf Erden niemand mächtiger ist als Ihr." 1377 traf Gregor in der Ewigen Stadt ein, wo er nicht mehr im Lateran, sondern im Vatikan residierte. In Rom erinnert der Campanile von Santa Maria Maggiore an die Wiederkehr des Papstes und an das Ende des Babylonischen Exils. Allerdings war er bis zum Tod unglücklich über seine Rückkehr.

Urban VI. 1378–1389

Bartolomeo Prignano. Geboren: um 1318 in Neapel. Gewählt: 8. April 1378. Gestorben: 15. Oktober 1389 in Rom. Beigesetzt: St. Peter, Rom.

Nach dem Tod Gregors XI. kam es zur verhängnisvollsten Papstwahl der Geschichte. Eine erregte Volksmenge verlangte die Wahl eines Römers oder doch wenigstens eines Italieners. Unter diesem Druck wurde eiligst der Erzbischof von Bari gewählt. Er war der letzte Nichtkardinal, der zum Papst gewählt wurde. In den folgenden Wochen zeigte Urban VI. sein wahres Gesicht. Er wurde größenwahnsinnig, behandelte die Kardinäle wie Lausbuben und 1385 ließ er sogar fünf Kardinäle hinrichten. Schon im Frühsommer 1378 sagten sich vor allem die französischen Kardinäle von Urban los, erklärten die Wahl wegen starkem Druck für ungültig und wählten am 20. September 1378 in Fondi Robert von Genf zum Papst, der sich Clemens VII. nannte.

Damit begann das längste Schisma der Kirchengeschichte, das bis 1417 dauern sollte. So wie damals ist es auch heute nicht auszumachen, wer der rechtmäßige Papst war. Italien anerkannte im allgemeinen Urban, ebenso das Reich, England und Ungarn. Clemens VII. fand hingegen seine Gefolgschaft in Frankreich, Spanien, Schottland, Savoyen und Neapel. Die Spaltung ging quer durch die Orden und verschonte auch die Domkapitel und die Heiligen nicht. Die hl. Katharina von Siena schlug sich leidenschaftlich für Urban, während der hl. Vinzenz Ferrer an der Seite Clemens VII. stritt und behauptete, daß der Glaube an die Rechtmäßigkeit Clemens' VII. zum ewigen Heil notwendig sei. Clemens VII., der sich trotz Waffengewalt in Italien nicht mehr halten konnte, verlegte im Juni 1379 seine Residenz nach Avignon. Da beide Päpste glaubten, die rechtmäßigen Nachfolger des hl. Petrus zu sein, wurden sie Opfer des überspitzten Systems, das keine übergeordnete Instanz anerkennt.

Bonifaz IX. 1389–1404

Pietro Tomacelli. Geboren: um 1350 in Neapel. Gewählt: 2. November 1389. Gestorben: 1. Oktober 1404. Beigesetzt: St. Peter, Rom.

Nach dem Ableben Urbans VI. wählten die Kardinäle in Rom Bonifaz IX. zum Papst, der sich einem unerhörten Nepotismus hingab und ein schamloses Finanzgebaren an den Tag legte. Er bemühte sich nicht, das Schisma beizulegen. 1390 sprach er Birgitta von Schweden († 1373) heilig. In Neapel unterstützte er Ladislaus gegen Ludwig von Anjou, der von Clemens VII. gefördert wurde. Nach dem Tod Clemens' VII. 1394 in Avignon, wählten die Kardinäle den spanischen Kardinal Pedro de Luna, der sich den Namen Benedikt XIII. zulegte. Er war eine energische, kompromißlose, aber hochgebildete Persönlichkeit. Da er sich in Avignon nicht mehr halten konnte, ließ er sich in der Provence nieder. Als er zur Behebung des Schismas eine Begegnung mit dem römischen Papst vorschlug, lehnte Bonifaz IX. ab.

Innozenz VII. 1404–1406

Cosimo Migliorati. Geboren: um 1336 in Sulmona. Gewählt: 17. Oktober 1404. Gestorben: 6. November 1406. Beigesetzt: St. Peter, Rom.

Nach dem Tode Bonifaz' IX. wählten die Kardinäle den Erzbischof von Bologna, den Gregorovius einen Mann ohne Geist, ohne Gewissen und Kraft nannte. Für die Einheit der Kirche hatte der neue Papst, der sich vor der Wahl eidlich verpflichtet hatte, alles zu tun, um das Schisma zu beenden, wenig übrig. Bei der Krönung dieses Papstes wurde erstmals Werg verbrannt und ein Priester verkündete mit lauter Stimme: „Vater, so vergeht der Ruhm der Welt."

Gregor XII. 1406–1415

Angelo Correr. Geboren: um 1325 in Venedig. Gewählt: 30. November 1406. Abdankung 4. Juli 1415. Gestorben: 18. Oktober 1417 in Recanati. Beigesetzt: Dom, Recanati.

Nach dem Tod Innozenz' VII. wählten die Kardinäle den Patriarchen von Venedig zum Papst, der 80 Jahre alt war und sich vor der Wahl bereit erklärt hatte zurückzutreten, wenn Benedikt XIII. dasselbe täte. Im April 1407 kam in Marseille, wo sich Benedikt aufhielt, ein Vertrag zustande, der ein Treffen der beiden Päpste im September 1408 in Savona vorsah. Da Gregor XII. sich aber nicht in Savona einfand, ging ihm Benedikt XIII. bis Portovenere bei La Spezia entgegen. Gregor schob sich bis nach Lucca vor. Leider kam der Päpstegipfel dann doch nicht zustande, weil Gregor unter dem Druck seiner Verwandten und vor allem von Ladislaus von Neapel sich zurückzog. Nun verließen die Kardinäle voller Wut ihre Päpste und luden zu einem Generalkonzil nach Pisa ein, das im März 1409 zusammentrat. Beherrscht war die Versammlung von den Anhängern der Theorie, daß das Konzil über dem Papst steht.

Am 5. Juni 1409 setzte das Konzil beide Päpste als notorische Schismatiker, Häretiker und Eidbrecher ab. Dies entsprach „dem Notrecht der Kirche und des Konzils im Falle eines häretischen Papstes", wie Klaus Schatz mit Recht schreibt. Die Synode wählte dann den aus Kreta stammenden Mailänder Kardinal Petrus Philargis, der sich Alexander V. nannte. Mit dieser Wahl wurde aber die heillose Verwirrung in der Christenheit noch vergrößert. Von der „verruchten Zweiheit" war man zur „verfluchten Dreiheit" gelangt, da sich weder Gregor XII. noch Benedikt XIII. dem Urteil des Konzils fügten. Da Alexander V. bereits 1410 starb, wählten die Kardinäle Baldassare Cossa, der sich Johannes XXIII. nannte und mehr das Zeug zum Kriegsmann als zum Papst hatte. Da Johannes XXIII. von Ladislaus von Neapel bedroht wurde, suchte er Hilfe beim deutschen König Sigismund (1410–1437), der ihn veranlaßte, für 1414 ein Konzil nach Konstanz einzuberufen.

Die Verbrennung des Johannes Hus auf dem oberen Münsterhof in Konstanz. Aus der Konzilschronik des Ulrich Richental.

Da sich in Konstanz der Gedanke der Resignation aller drei Päpste immer mehr durchsetzte, floh Johannes XXIII. am 20. März 1415, als Knappe verkleidet, mit Hilfe Friedrichs IV. von Österreich nach Schaffhausen in der Hoffnung, das Konzil zu sprengen. Aber König Sigismund gelang es, das Konzil zusammenzuhalten und am 6. April 1415 wurde das berühmte Dekret *Haec sancta* verkündet, das das Konzil über den Papst stellte. Der Konziliarismus war damals wohl das einzige Mittel, um die Einheit der Kirche wiederherzustellen und die Fortdauer des Papsttums zu garantieren.

Am 29. Mai 1415 wurde Johannes XXIII., der am 27. Dezember 1419 in Florenz starb, abgesetzt. Im Baptisterium von Florenz ließ ihm Cosimo dei Medici durch Donatello ein prachtvolles Grabmal errichten. Gregor XII. ließ im Juli 1415 seine Abdankung verlesen, nachdem er noch einmal das Konzil einberufen hatte. Der starrsinnige, aber persönlich integre Benedikt XIII. wurde im Juli 1417 abgesetzt. Er starb unbeachtet 1422/23 in Peniscola in Spanien. Da man immer noch der Meinung war, daß kein Papst länger als Petrus leben könne, der die Kirche angeblich 25 Jahre geleitet hatte, wurde Benedikt um so mehr verdammt.

Martin V. 1417–1431

Oddo Colonna. Geboren: 1368 in Genazzano. Gewählt: 11. November 1417. Gestorben: 20. Februar 1431. Beigesetzt: Lateranbasilika, Rom.

Im Jahre 1417 wählten die in Konstanz versammelten Kardinäle mit je sechs Vertretern der fünf Nationen nach nur dreitägigem Konklave Oddo Colonna zum Papst, der sich nach dem beliebten Tagesheiligen Martin nannte. Damit war das große Schisma beendet. Gleich nach der Wahl übernahm der neue Papst die Leitung des Konzils, das er im April 1418 abschloß. Kurz vor der Abreise verbot er jeglichen Appell an eine allgemeine Kirchenversammlung, womit er zu verstehen gab, daß der Papst über dem Konzil stehe.

Als Martin V. 1420 in Rom seinen Einzug hielt, fand er eine dermaßen heruntergekommene Stadt vor, die kaum mehr als Stadt bezeichnet werden konnte. Die Armut war so groß, daß im Jahre 1414 am Fest von Peter und Paul keine Lampe am Grab der Apostelfürsten angezündet werden konnte. Mit Energie machte sich Martin V. an den Wiederaufbau. Dem Konstanzer Dekret *Frequens* vom 9. Oktober 1417 entsprechend, berief er 1423 ein Konzil nach Pavia und 1431 eines nach Basel ein.

Man war der Meinung, daß eine Reform nicht von einem Papst, sondern nur von einem Konzil kommen könne. Vor dem Papstaltar in der Lateranbasilika bekam Martin V. ein schönes Grabmal aus Bronze. Wenn ihn eine Inschrift als „Glück für seine Zeit“ rühmt, so traf dies vor allem für Rom zu.

Eugen IV. 1431–1447

Gabriel Condulmer. Geboren: um 1383 in Venedig. Augustinerchorherr. Gewählt: 3. März 1431. Gestorben: 23. Februar 1447. Beigesetzt: S. Salvatore in Lauro, Rom.

Eugen IV., Neffe Gregors XII., fehlten weitgehend Welterfahrung und Geschick. Zunächst bestätigte er das Konzil von Basel, das er aber Ende 1431 ohne triftigen Grund auflöste. Der Widerstand der Konzilsväter und Sigismunds, den er 1433 zum Kaiser krönte, bewogen ihn, Mitte Dezember 1433 das Konzil wieder anzuerkennen. Im Juni 1434 mußte der Papst vor den Aufständischen aus Rom nach Florenz fliehen, wo er dann im Dominikanerkloster S. Maria Novella residierte. Differenzen mit dem Basler Konzil zwangen den Papst 1437 die Versammlung zunächst nach Ferrara und 1439 nach Florenz zu verlegen, wo es mit dem Dekret *Laetentur* zu einer Einigung mit den Griechen kam.

Das Schicksal dieser Union unterschied sich aber kaum von dem ihrer Vorgängerin vom Jahre 1274, weil die griechischen Gläubigen sie nicht akzeptierten. In Basel definierte das Konzil mit dem Dekret *Sacrosancta* vom 16. Mai 1439, daß das Allgemeine Konzil über dem Papst steht und am 25. Juni 1439 setzte es dann Papst Eugen IV. ab. Am 17. September 1439 wurde das Dogma der Unbefleckten Empfängnis definiert und am 5. November 1439 der verwitwete Herzog Amadeus VIII. von Savoyen zum Gegenpapst gewählt, der sich Felix V. (1439–1449) nannte. Die Lage war höchst gefährlich, da sich nun nicht nur zwei Päpste, sondern auch zwei Konzilien gegenüberstanden. Durch bedeutende Zugeständnisse an Friedrich III. sicherte sich Eugen IV. 1445 dessen Anerkennung.

Die Päpste der Renaissancezeit

Von Nikolaus V. bis Clemens VII.
Von 1447 bis 1534

Nikolaus V. 1447–1455

Tommaso Parentucelli. Geboren: 15. November 1397 in Sarzana. Gewählt: 6. März 1447. Gestorben: 24. März 1455. Beigesetzt: St. Peter, Rom.

Mit Nikolaus V. beginnt das Zeitalter der Renaissancepäpste, die auf dem Gebiete der Kultur und Kunst ungeahnte Höhen erklommen, aber ihre geistliche Berufung immer mehr aus dem Auge verloren. Die Unfähigkeit, sich selbst und die Kirche zu reformieren, bescherte ihnen schließlich die Reformation. Nikolaus V. war feingebildet, charaktervoll und sittenstreng, der beste der Renaissancepäpste. Im Jahre 1448 schloß er mit Friedrich III. das Wiener Konkordat, das das Ende der Kirchenspaltung und den Sieg des monarchischen Papsttums über den Konziliarismus bedeutete. Denn im April 1449 verzichtete Felix V. auf sein Amt, und das Basler Konzil löste sich auf, nachdem es ebenfalls Nikolaus zum Papst gewählt hatte. Der Konziliarismus wurde für die folgenden Päpste zum Trauma und hinderte sie, ein Konzil einzuberufen, das die notwendigen Reformen hätte beschließen können.

1450 feierte man in Rom das Heilige Jahr, und Nikolaus Cusanus, den der Papst zum Kardinal und Fürstbischof von Brixen ernannte hatte, begann 1451 die deutsche Kirche zu erneuern. Auf Wunsch Friedrichs III. sandte Nikolaus V. den Bußprediger Johannes von Capistrano nach Österreich, Bayern, Sachsen, Thüringen und Polen. 1452 fand in Rom die letzte Kaiserkrönung statt. Ein Unglück für die gesamte Christenheit war 1453 der Fall von Konstantinopel. Diese Schrekkensnachricht rief überall große Bestürzung hervor. In Rom leitete Nikolaus V. ein goldenes Zeitalter ein. Fra Angelico hat ihn in der Capella Nicolina verewigt.

Calixtus III. 1455–1458

Alonso de Borja. Geboren: 31. Dezember 1378 in Játiva (Valencia). Gewählt: 8. April 1455. Gestorben: 6. August 1458. Beigesetzt: S. Maria in Montserrat, Rom.

Da sich die Kardinäle wegen der Rivalitäten zwischen den Colonna und Orsini nicht einigen konnten, verfielen sie auf einen ausgesprochenen Außenseiter, den bereits hochbetagten Katalanen Alonso de Borja. Das große Anliegen Calixtus' III. war der Kreuzzug gegen die Türken zur Befreiung Konstantinopels. Aber die aufstrebenden Nationalstaaten waren dafür nicht mehr zu gewinnen. Wenig Verständnis hatte Calixtus III. für die Anliegen der Humanisten und Künstler. Das Bild dieses an sich jedem Luxus abholden Papstes wird durch seinen schamlosen Nepotismus verdunkelt. So machte er seinen sittenlosen Neffen Rodrigo de Borja, den späteren Alexander VI., 1456 zum Kardinal.

Pius II. 1458–1464

Enea Silvio Piccolomini. Geboren: 18. Oktober 1405 in Corsignano bei Siena. Gewählt: 18. August 1458. Gestorben: 14. August 1464 in Ancona. Beigesetzt: S. Andrea della Valle, Rom.

Einer der bedeutendsten Renaissance-Päpste war ohne Zweifel Enea Silvio Piccolomini. Sein Vorleben erschien schon seinen Zeitgenossen interessant. Als Sproß einer Adelsfamilie geboren, kam der junge Piccolomini als Sekretär des Kardinals Capranica nach Basel, wo er aktiv die konziliaren Ideen vertrat. Anschließend diente er dem Gegenpapst Felix V. und schließlich Kaiser Friedrich III. als Sekretär. Nach Humanistenart führte er ein lockeres Leben und schrieb noch 1444 im Stil eines echten Boccaccio die vielgelesene Liebesnovelle *Euryalus und Lucrezia*. Mit seiner Priesterweihe im Jahr 1447 gab er jedoch sein frivoles Leben auf und vollzog gleich seinem Freund Nikolaus Cusanus den Wechsel von den Baslern zu Eugen IV.

Cusanus, der eine der Hauptsäulen des Koziliarismus war, hatte den Wandel allerdings schon 1436 vorgenommen. Im Jahre 1450 wurde Enea Piccolomini Bischof seiner Vaterstadt Siena und 1456 Kardinal. Sein Pontifikat war vom Kreuzzug gegen die Türken beherrscht. 1459 hielt er in Mantua einen

Kongreß ab, bei dem der Kreuzzug zwar beschlossen, aber nicht umgesetzt wurde. 1461 schrieb er Sultan Mehmed II. einen Brief und forderte ihn auf, das Christentum anzunehmen. Das rätselhafte Schreiben wurde aber nie abgeschickt. Im gleichen Jahr sprach er Katharina von Siena heilig.

Der seit einiger Zeit zur Gewohnheit gewordenen Unsitte, gegen unliebsame Verordnungen der Kurie an ein Allgemeines Konzil zu appellieren, war Pius II. bereits 1460 mit der Bulle *Execrabilis* entgegengetreten. Da er aber früher selbst den Konziliarismus vertreten hatte, fehlte es nicht an sarkastischen Hinweisen auf seinen Gesinnungswandel. Daher erließ er 1463 die berühmte Retraktationsbulle *In minoribus agentes*, worin er die Ansichten seiner Jugendzeit widerrief und aufforderte: „Aeneam reicite, Pium recipite – Äneas vergeßt, Pius nehmt an." Da der Kreuzzug nicht zustande kam, wollte der Papst selbst an der Spitze einer Flotte gegen die Türken ziehen. Aber körperlich völlig erschöpft, starb er noch vor seiner Einschiffung in Ancona. Auf Initiative seines Neffen Todeschini-Piccolomini, der später Papst wurde, malte Pinturicchio in der Dombibliothek zu Siena das Leben Pius' II.

Paul II. 1464–1471

Pietro Barbo. Geboren: 23. Februar 1418 in Venedig. Gewählt: 30. August 1464. Gestorben: 26. Juli 1471. Beigesetzt: St. Peter, Rom.

Er war Neffe Eugens IV., der ihn im Alter von 23 Jahren zum Kardinal erhoben hatte. Der neue Papst war verschlossen und schwer zugänglich, nur mittelmäßig begabt, beherrschte die lateinische Sprache nicht, liebte aber den Prunk. Als Paul II. wegen der eingerissenen Mißbräuche das Abbreviatorenkollegium aufhob, verloren zahlreiche Humanisten ihren Unterhalt. Daher rächten sie sich und nannten den Barbo-Papst einen „Barbaro", einen Barbaren.

Mit Kaiser Friedrich III. unterhielt er gute Beziehungen. Er erfüllte ihm einen lange gehegten Wunsch und bestätigte 1469 die Errichtung der Bistümer Wien und Wiener Neustadt. Weil der Papst selbst ein Jubeljahr feiern wollte, hatte er 1470 bestimmt, daß künftig alle 25 Jahre eines stattfinden sollte. Aber es war ihm nicht vergönnt, ein solches zu erleben, da ihn 1471 ein Schlaganfall hinwegraffte. Auf diesen Papst geht der Palazzo Venezia in Rom zurück.

Sixtus IV. 1471–1484

Francesco della Rovere. Geboren: 21. Juli 1414 in Celle bei Savona. Gewählt: 9. August 1471. Gestorben: 12. August 1484. Beigesetzt: St. Peter, Rom.

Aus dem Konklave von 1471 ging der frühere Generalminister des Franziskanerordens Francesco della Rovere hervor, der die Reihe der Päpste eröffnete, die außer ihrem Priesterkleid nur mehr wenig Geistliches an sich hatten. Mit der Erhebung Sixtus IV. schlug für seine zahlreichen Verwandten die Stunde des Glücks. War die Ernennung des Giuliano della Rovere, der später Julius II. wurde, noch zu verantworten, so fiel die päpstliche Gunst bei Pietro auf einen sittenlosen Mann, der nach einem lasterhaften Leben im Alter von 28 Jahren starb.

Der schrankenlose Nepotismus verstrickte den Papst auch in einige Kriege. Den Höhepunkt erreichte das päpstliche Intrigenspiel mit der Pazzi-Verschwörung, bei der 1478 im Dom von Florenz Giuliano dei Medici während der Messe ermordet wurde. Der dann ausgebrochene Krieg mit der Republik Florenz endete mit großem Imageverlust für das Papsttum. Finanziert wurde alles durch eine Verdoppelung der käuflichen Ämter, Ausweitung des Ablaßwesens und Erhöhung der Steuern.

Von einem Konzil wollte Sixtus nichts wissen. Indes ging er als großer Förderer der Kunst in die Geschichte ein. Auf ihn geht die Umwandlung des mittelalterlichen Rom in eine Stadt der Renaissance zurück. Er ließ den Ponte Sisto bauen, die Kirchen S. Maria del Popolo und S. Maria della Pace, das neue Spital Santo Spirito und vor allem die Sixtinische Kapelle mit ihren Fresken an den Längswänden, die von den besten Künstlern der Zeit stammen. Sein monumentales Grabmal ist nun im Domschatz von St. Peter zu sehen.

Innozenz VIII. 1484–1492

Giovanni Battista Cibo. Geboren: 1432 in Genua. Gewählt: 29. August 1484. Gestorben: 25. Juli 1492. Beigesetzt: St. Peter, Rom.

Innozenz VIII., der das Papstamt Giuliano della Rovere verdankte, war völlig unselbständig, stets kränklich und in ständiger Geldnot. Gleich zu Beginn des Pontifikats erließ der neue Papst die fatale Hexenbulle *Summis desiderantes*, die ausgedehnte Vollmachten zur Bekämpfung der Hexen erteilte. Im Jahre 1484 sprach Innozenz Leopold III. von Österreich heilig. In eine gefährliche Lage geriet der Papst, als er 1485/86 am neapolitanischen Baronenkrieg teilnahm. Dieser zerrüttete die päpstlichen Finanzen sosehr, daß der Papst sogar die Tiara verpfänden mußte.

Innozenz hatte auch einen Sohn und eine Tochter, deren Wohlergehen ihm mehr am Herzen lag als das päpstliche Amt. Seine wahren Interessen spiegelten sich vor allem in der Sorgfalt wieder, mit der er die Hochzeit seines Sohnes Franceschetto mit Magdalena, einer Tochter des Lorenzo dei Medici, im Vatikanischen Palast organisierte. Zum Dank für das Entgegenkommen Lorenzos ernannte Innozenz dessen 14jährigen Sohn Giovanni, den späteren Papst Leo X., zum Kardinal. Für das Festhalten des türkischen Prinzen Dschem, Bruder des regierenden Sultan Bajazet' II., im Vatikan, erhielt der Papst sogar ein Jahrgeld. Dafür geriet er in den Verdacht geheimer Abmachungen mit den Ungläubigen.

Alexander VI. 1492–1503

Rodrigo de Borja. Geboren: 1. Januar 1431 in Játiva (Valencia). Gewählt: 11. August 1492. Gestorben: 18. August 1503. Beigesetzt: S. Maria in Montserrat, Rom.

Rodrigo de Borja gelangte durch schamlose simonistische Machenschaften auf den Papstthron. Neben dem Franzosen d'Estouteville galt Rodrigo als der reichste Kardinal seiner Zeit. Seine sittlichen Eigenschaften entsprachen jedoch beileibe nicht seinen Ämtern und seinem Reichtum. In den Jahren 1462–1471 wurde ihm eine Reihe von Kindern von Frauen geboren, deren Namen unbekannt sind. Aus dem etwa um 1474 entstandenen Verhältnis mit der schönen Vanozza de Cattanei machte Rodrigo kein Geheimnis. Offen bekannte er sich auch zu seinen Kindern Cesare, Juan, Joffré und Lucrezia aus dieser Verbindung.

Cesare sollte nach dem Willen des Vaters zum Kardinalnepoten aufsteigen. Nach der Ermordung seines Bruders Juan 1497 kehrte er aber in den Laienstand zurück, heiratete eine französische Prinzessin und wollte auf Kosten der Kirche ein erbliches Königreich errichten. Er diente Niccolò Machiavelli († 1527) als Idealfigur für dessen berühmtes Werk *Il principe*.

Lucrezia († 1519) wurde vom Vater dreimal verheiratet. In dritter Ehe wurde sie Gemahlin des Herzogs Alfonso d'Este und kam an den Hof von Ferrara. Schon bei der ersten Kardinalsernennung nominierte der Papst Alessandro Farnese zum Kardinal. Diese Auszeichnung wurde nicht so sehr den Tugenden des 25jährigen, sondern vielmehr der Beziehung seiner Schwester, der schönen Giulia Farnese-Orsini, mit dem Papst zugeschrieben.

In der Leitung des Kirchenstaates erwies sich Alexander VI. als kluger Politiker. Im März 1495 schloß er mit dem Kaiser, mit Venedig, Mailand und Spanien die Heilige Liga, wodurch Karl VIII. von Frankreich gezwungen wurde, sich aus Italien zurückzuziehen. Er hat sich der *Konstantinischen Schenkung* bedient, als er 1493 für die neuentdeckten überseeischen Ländereien und Missionsgebiete die Aufteilung in einen spanischen und einen portugiesischen Einflußbereich vollzog. Tragisch war der Konflikt mit dem Bußprediger Girolamo Savonarola, der 1498 in Florenz auf dem Scheiterhaufen starb. Alexander ist auch als Bauherr und Förderer der schönen Künste in die Geschichte eingegangen. So erneuerte er den alten Verbindungsgang zwischen der Engelsburg und dem Vatikan. Die Appartamenti Borgia ließ er von Pinturicchio mit wunderschönen Fresken schmücken, die auch ihn selbst darstellen.

Pius III. 1503

Francesco Todeschini-Piccolomini. Geboren: 1439 in Siena. Gewählt: 22. September 1503. Gestorben: 18. Oktober 1503. Beigesetzt: S. Andrea della Valle, Rom.

Die Gegner der Borja sahen nach dem plötzlichen Tod Alexanders VI. ihre Stunde gekommen, zumal der Papstsohn Cesare Borja krank war. Da der favorisierte Kardinal Giulio della Rovere nicht die erforderliche Stimmenzahl erreichte, wurde als Übergangspapst der schwerkranke, aber sittenreine Todeschini-Piccolomini, ein Neffe Pius' II. gewählt, der aber nur 26 Tage regierte.

Julius II. 1503–1513

Giuliano della Rovere. Geboren: 1443 in Albissola bei Savona. Gewählt: 1. November 1503. Gestorben 20. Februar 1513. Beigesetzt: San Pietro in Vincoli, Rom.

Julius II., Neffe Sixtus IV., war die geborene Herrschernatur von aufbrausendem Temperament und von unerhörter Energie, eine regelrechte Kraftnatur. Nicht umsonst wurde er „il terribile" genannt. Ziel seines Pontifikats war, die Unabhängigkeit des Papsttums durch die Sicherung des Kirchenstaates wiederherzustellen. Zum Schutz seiner Person und zur Bewachung seiner Residenz errichtete er 1505 die Schweizergarde. Es gelang ihm, Cesare Borja zu entmachten, die Städte Perugia und Bologna den Baglioni und Bentivoglio zu entreißen und die Venezianer zur Herausgabe ihrer Eroberungen in der Romagna zu zwingen.

Um die Franzosen aus Italien zu vertreiben, schloß er 1511 mit Spanien die Heilige Liga, worauf Ludwig XII. im Mai 1511 mit der Einberufung eines Konzils nach Pisa konterte, das den Papst absetzen sollte. Um dem drohenden Schisma zu begegnen, berief Julius 1512 ein Konzil in den Lateran und verurteilte damit die Pisaner Versammlung zur Bedeutungslosigkeit. In Julius II. steckte nicht nur ein großer Staatsmann, sondern auch ein ebenbürtiger Mäzen und Bauherr. Durch ihn wurde Rom zum Zentrum der Hochrenaissance, wo die bedeutendsten Künstler wirkten. Mit dem Namen dieses Papstes bleibt der Neubau von St. Peter für immer verbunden. Unter ihm schuf Michelangelo die berühmten Deckengemälde der Sixtinischen Kapelle und Raffael malte die Fresken in den Wohnräumen und Loggien des Papstpalastes. Von der riesigen Grabanlage mit ihren 40 Statuen, die Michelangelo für Julius schaffen sollte, blieb vor allem die gewaltige Figur des Moses übrig.

Leo X. 1513–1521

Giovanni dei Medici. Geboren: 11. Dezember 1475 in Florenz. Gewählt: 11. März 1513. Gestorben: 1. Dezember 1521. Beigesetzt: S. Maria sopra Minerva, Rom.

Bei der feierlichen Besitznahme des Laterans durch den neugewählten Papst Leo X. stand in Anspielung auf die letzten zwei Pontifikate auf einem Triumphbogen: „Einst hat Venus geherrscht, dann kam an die Reihe der Kriegsgott, nun beginnt der Tag, hehre Minerva, für dich." Seit dem Hochmittelalter mußten sich die Päpste bei der Inbesitznahme des Laterans aus Demut auf den sogenannten Kotstuhl setzen. Verständlich, daß der feingebildete Leo X. diesen zwielichtigen und anrüchigen Brauch abgeschafft hat.

Der Sohn Lorenzos dei Medici, der mit 14 Jahren Kardinal und mit 37 Papst wurde, war ein großer Freund der Humanisten, Literaten und Künstler, die er mit Gunstbezeugungen überhäufte. Leo X. gab sich ganz unbefangen heiterem Lebensgenuß hin nach dem Motto: „Laßt uns das Papsttum genießen, da Gott es uns verliehen hat." Er liebte die Jagd, prunkvolle Feste und Theaterspiele, ohne wirklich zu merken, was sich inzwischen in Deutschland zusammenbraute. Im allgemeinen war es das Anliegen des Papstes, den Kirchenstaat und Florenz aus dem Ringen der europäischen Großmächte herauszuhalten und seiner Familie bei günstiger Gelegenheit eine Vormachtstellung in Italien zu verschaffen. 1516 schloß er mit Franz I. von Frankreich das Konkordat von Bologna, das dem Monarchen unerhörte Zugeständnisse machte. 1517 wandte Leo seine ganze Aufmerksamkeit dem Erwerb des Herzogtums Urbino für seinen Neffen Lorenzo dei Medici zu. Diese Affäre verwickelte ihn nicht nur in einen überaus kostspieligen Krieg, sondern bildete auch den Hintergrund für einen Mordversuch.

Im gleichen Jahre nominierte Leo X. 31 neue Kardinäle. Dies war die größte Kreation bis 1946. Leo setzte auch das von Julius II. einberufene Laterankonzil fort und beendete es 1517. Trotz einiger guter Reformdekrete, die das Konzil verabschiedete, fehlte die Kraft sie durchzusetzen. Am 15. Juni 1520 schleuderte Leo X. die Bannandrohungsbulle *Exurge Domine* gegen Luther und am 3. Januar 1521 verhängte er mit der Bulle *Decet Romanum Pontificem* den Bann über ihn, womit der Bruch mit dem Reformator besiegelt wurde.

Bulla contra errores
Martini Lutheri
⁊ ſequacium.

Titelblatt der Erstausgabe der päpstlichen Bulle Exsurge Domine vom 14. Juni 1520 gegen Martin Luther.

Hadrian VI. 1522–1523

Adrian Florensz. Geboren: 2. März 1459 in Utrecht. Gewählt: 9. Januar 1522. Gestorben: 14. September 1523. Beigesetzt: S. Maria dell'Anima, Rom.

Der neue Papst war gelehrt, sittenstreng und fromm. Kurz, er war ein Reformpapst, wie ihn die Zeit erforderte. Schon im Konsistorium konnte ihm Kardinal Cajetan, der die Wahl entscheidend beeinflußte, zurufen: „Du bedarfst keiner Reform, das Haupt ist schon reformiert". Wegen seiner Reformfreudigkeit fand Hadrian in Rom aber nur wenig Gegenliebe. Höflinge und Literaten machten sich über ihn lustig und dichteten ihm allerlei Laster an.

In die Geschichte eingegangen ist dieser letzte bis 1978 nichtitalienische Papst durch ein unerhört freimütiges Schuldbekenntnis, in dem es heißt: „Wir wissen wohl, daß auch bei diesem Heiligen Stuhl schon seit manchem Jahr viel Verabscheuungswürdiges vorgekommen ist: Mißbräuche in geistlichen Dingen, Übertretungen der Gebote, ja, daß alles sich zum Ärgeren verkehrt hat." Luther reagierte auf das Schuldbekenntnis Hadrians mit einem bösartigen Pamphlet und nannte den Papst einen Esel, aus dem Satan rede. Ganz besonders bemühte sich Hadrian VI. um einen Waffenstillstand zwischen Karl V. und Franz I. von Frankreich, den er 1523 bei Strafe der Exkommunikation vorschrieb. Als Franz I. eine Invasion der Lombardei vorbereitete, trat Hadrian einem Defensivbündnis des Kaisers bei. Leider dauerte das Pontifikat Hadrians nur ca. 20 Monate. Treffend ist die Inschrift, welche das Grabmal dieses Papstes in der deutschen Nationalkirche S. Maria dell'Anima in Rom ziert: „Ach, wieviel hängt davon ab, in welche Zeit auch des trefflichsten Mannes Wirken fällt".

Clemens VII. 1523–1534

Giulio dei Medici. Geboren: 26. Mai 1478 in Florenz. Gewählt: 19. November 1523. Gestorben: 25. September 1534. Beigesetzt: S. Maria sopra Minerva, Rom.

Der illegitime Mediceerssproß Clemens VII. und Neffe Leos X. war unschlüssig, wankelmütig und furchtsam, so daß er die besten Gelegenheiten verpaßte und schließlich bei Freund und Feind in den Ruf der Unzuverlässigkeit geriet. Da sich das

Luthertum in Deutschland immer mehr ausbreitete, verlangten die deutschen Reichsstände die Einberufung eines Konzils. Aber die Furcht vor dem Konziliarismus lähmte den Papst, so daß er immer wieder den Konzilsforderungen auswich. Damals schrieb der Dominikaner Franz von Vitoria: „Seitdem die Päpste die Konzilien zu fürchten begannen, bleibt die Kirche ohne Konzilien, und sie wird es bleiben zum Unheil und zum Verderben der Religion“. Zudem wirkte sich die Politik Clemens' VII., die habsburgische Übermacht mit der Hilfe Frankreichs zu beseitigen, geradezu katastrophal auf die Kirchenspaltung in Deutschland aus.

Nachdem der Papst 1526 mit Frankreich und Venedig die Liga von Cognac gegen den Kaiser geschlossen hatte, kam es in der Ewigen Stadt 1527 zum Sacco di Roma. Rom wurde von den kaiserlichen Truppen erstürmt und schonungslos geplündert. 147 Mann der von Julius II. 1506 errichteten Schweizergarde wurden niedergemetzelt. Dieses grauenhafte Ereignis wurde allgemein als Strafgericht Gottes für das frivole Leben während der Renaissancezeit bezeichnet. Erst 1529 kam es zwischen Kaiser und Papst zum Frieden. Im Februar 1530 empfing Karl V. in Bologna aus der Hand des Papstes die Kaiserkrone. Dies war die letzte Kaiserkrönung, die ein Papst vorgenommen hat.

Gegen Ende seines Pontifikats fiel die Ehescheidung Heinrichs VIII. von England. Auch in dieser Angelegenheit hatte Clemens keine glückliche Hand. Mit der Veröffentlichung der Suprematsakte im November 1534, die Clemens allerdings nicht mehr erlebte, kam es zur Loslösung Englands von der römischen Kirche. Clemens VII. ist als Förderer der Kunst in die Geschichte eingegangen. In Rom ließ er noch als Kardinal auf dem Monte Mario eine prächtige Villa bauen, die später den Namen Villa Madama bekam. Das kann aber nicht darüber hinwegtäuschen, daß dieses Pontifikat eines der verhängnisvollsten der ganzen Papstgeschichte ist.

Die Päpste der katholischen Reform und der Gegenreformation

Von Paul III. bis Innozenz X.
Von 1534 bis 1655

Paul III. 1534–1549

Alessandro Farnese. Geboren: 1468 in Canino bei Viterbo oder in Rom. Gewählt: 13. Oktober 1534. Gestorben: 10. November 1549. Beigesetzt: St. Peter, Rom.

Obschon Paul III. noch ein Kind der Renaissance war, muß man ihn doch als den ersten Papst der katholischen Reform sehen. Aus allen Bildnissen, die Paul III. darstellen, spricht eine seltene Klugheit. In der Tat ging allen seinen Handlungen eine sorgfältige Erwägung voraus. Die übermäßige Begünstigung seiner eigenen Familie und die aus illegitimer Verbindung vor dem Empfang der höheren Weihen stammenden Kinder Constanza, Paolo, Pierluigi und Ranuccio sowie die Enkel Alessandro d. J. und Ottavio belasteten das Pontifikat schwer.

Paul III. förderte aber auch die Reform, vor allem durch die Ernennung einer Reihe streng kirchlich gesinnter Kardinäle. Im Jahre 1536 setzte er eine Reformkommission ein, die eine freimütige Denkschrift über die Übel in der Kirche und die Mittel zu deren Behebung ausarbeitete. Paul III. förderte die neuentstandenen Ordensgemeinschaften der Theatiner, Kapuziner, Barnabiten, Somasker, Ursulinen und gab 1540 der zukunftsträchtigen Gesellschaft Jesu die Bestätigung.

Vor allem durch Gianpietro Carafa, dem späteren Papst Paul IV., kam es 1542 zur Schaffung der römischen Inquisition, die die Ausbreitung reformatorischer Ideen in Oberitalien und in Neapel eindämmen sollte. Die größten Verdienste um die katholische Erneuerung erwarb sich Paul III. durch die Einberufung des Konzils von Trient, das 1545 seine Arbeiten aufnehmen konnte, allerdings 1547 zum Leidwesen des Kaisers nach Bologna verlegt und schließlich 1549 suspendiert wurde.

Kopernikus widmete 1543 dem Papst sein epochemachendes Werk *Über die Umläufe der Himmelskörper.* Zwei Jahre später verfaßte Martin Luther das Werk *Wider das Papsttum zu Rom, vom Teufel gestiftet*. Paul III. ließ durch Michelangelo dem Kapitol ein neues Gesicht geben. Dieser malte auch in der Sixtina das 1541 enthüllte Jüngste Gericht und anschließend die Fresken in der Cappella Paolina. Im Jahre 1547 übertrug Paul III. Michelangelo die Bauleitung der Peterskirche. Guglielmo della Porta errichtete in der Peterskirche für Paul III. eines der schönsten Papstgräber.

Julius III. 1550–1555

Giovanni Maria del Monte. Geboren: 10. September 1487 in Rom. Gewählt: 8. Februar 1550. Gestorben: 23. März 1555. Beigesetzt: St. Peter, Rom.

Nach 60 Wahlgängen einigten sich die Kardinäle auf Giovanni Maria del Monte, der, von Natur aus lebenslustig und heiter, einer Lebensweise huldigte, die in manchem an Leo X. erinnerte. Dennoch bemühte sich Julius III. um die anstehenden Reformen. Sein unbestritten größtes Verdienst war es, daß er 1551 trotz der Widerstände das Konzil in Trient wieder eröffnen ließ. Der Verrat des Kurfürsten Moritz von Sachsen am Kaiser und dessen Flucht aus Innsbruck führten 1552 wieder zu einer Aufhebung der Versammlung.

Den Jesuiten, die Julius III. sehr förderte, vertraute er das 1552 errichtete Collegium Germanicum an. Unter den 20 Kardinälen, die der Papst ernannte, befanden sich vorzügliche Männer. Den Kardinalshut verlieh er allerdings auch dem gänzlich unwürdigen Adoptivsohn seines Bruders, Innocenzo del Monte, der damals erst 15 Jahre alt war. Obschon die Kriege gegen Ottavio Farnese und um Siena den Papst in eine tiefe Geldnot stürzten, ließ er sich vor der Porta del Popolo durch Vignola und Ammanati eine prächtige Renaissancevilla bauen, die nach ihm den Namen Villa Giulia bekam.

Marcellus II. 1555

Marcello Cervini. Geboren: 6. Mai 1501 in Montefano bei Macerata. Gewählt: 9. April 1555. Gestorben: 1. Mai 1555. Beigesetzt: St. Peter, Rom.

Statt des weltgesinnten Kardinals Ippolito d'Este, Sohn der Lucrezia Borgia, wählte die kaiserliche Partei den eifrigsten aller Reformkardinäle, Marcello Cervini, zum Papst. Seit 1545 war Cervini einer der Präsidenten des Konzils von Trient. Als Papst behielt er seinen Namen bei. Leider starb er schon nach ca. 3 Wochen. Sein Name lebt weiter in der Missa Papae Marcelli von Pierluigi Palestrina.

Paul IV. 1555–1559

Gianpietro Carafa. Geboren: 28. Juni 1476 in Capriglio bei Neapel. Gewählt: 23. Mai 1555. Gestorben: 18. August 1559. Beigesetzt: S. Maria sopra Minerva, Rom.

Der untadelige, aber wegen seiner Strenge gefürchtete und pathologisch mißtrauische Paul IV. hatte 1524 mit Gaetano von Thiene den Theatinerorden gegründet, in den er selbst eingetreten war. 1549 wurde er Erzbischof von Neapel. Obwohl er zu den Hauptvertretern der katholischen Reform zählte, war sein Pontifikat eine große Enttäuschung. Vor allem seine außerordentliche Strenge, sein krankhafter Spanierhaß und sein schamloser Nepotismus führten zu Fehlentscheidungen. Durch seinen moralisch unwürdigen Neffen, Carlo Carafa, ließ er sich zum Krieg gegen Spanien verleiten, der mit einer vollständigen Niederlage der päpstlichen Soldaten endete.

Den Augsburger Religionsfrieden von 1555, der die konfessionelle Spaltung im Reiche besiegelte, erklärte Paul IV. für ungültig. Die Schuld am Ruin der katholischen Kirche gab er den Habsburgern. Das Konzil von Trient führte er nicht fort, da er zutiefst überzeugt war, das Vordringen der Reformation durch den Index der verbotenen Bücher und die Inquisition stoppen und die Erneuerung der Kirche durch Repression erreichen zu können. Kompromißlos war sein Kampf gegen jegliche, auch vermeintliche Art von Häresie. Einmal soll er gesagt haben: „Selbst wenn mein eigener Vater Häretiker wäre, würde ich das Holz sammeln, um ihn zu verbrennen." Wegen Häresieverdacht ließ er 1557 den vortrefflichen Kardinal Morone in die Engelsburg werfen, wo dieser bis zum Tode des Papstes schmachtete. Die Juden ließ er ins Ghetto sperren und einen gelben Hut tragen. Nach dem Tode Pauls IV. entlud sich der Haß des Volkes, das das Gebäude der Inquisition stürmte und die Statue des Papstes auf dem Kapitol zertrümmerte, mit Füßen trat und schließlich in den Tiber warf.

Pius IV. 1559–1565

Giovanni Angelo dei Medici. Geboren: 31. März 1499 in Mailand. Gewählt: 25. Dezember 1559. Gestorben: 9. Dezember 1565. Beigesetzt: S. Maria degli Angeli, Rom.

In dem langen Konklave von 1559 war wochenlang Kardinal Ercole Gonzaga, der Sohn der Isabella d'Este, ganz nahe daran, die Tiara zu erlangen. Schließlich ließ ihn Philipp II. von Spanien fallen und es wurde Giovanni Angelo dei Medici als Verlegenheitskandidat gewählt, der mit der Familie der Medici in Florenz nicht verwandt war und vor den Weihen mehrere uneheliche Kinder hatte.

Pius IV. war ein konzilianter Mann, der zur Politik Julius' III. zurückkehrte. Einer seiner engsten Berater war der aus der Engelsburg befreite Kardinal Morone. Der Erbitterung der Römer nachgebend, ließ der Papst die zwei Carafanepoten 1561 hinrichten. Trotzdem verfiel auch er dem Nepotismus. Karl Borromäus, der Sohn seiner Schwester, war sein Liebling. Mit 21 Jahren nominierte er ihn zum Kardinal und übertrug ihm die Leitung der Geschäfte. Damit hatte er allerdings einen guten Griff getan, denn Borromäus wurde zum Modellbischof der katholischen Erneuerung. Weit weniger taugte hingegen der andere Neffe, Kardinal Mark Sittich von Hohenems, der mehr das Zeug zum Krieger als zum Geistlichen hatte.

Das größte Verdienst Pius' IV. war die Wiedereinberufung des Konzils von Trient 1562, das aber bei der Behandlung der Residenzpflicht der Bischöfe, des päpstlichen Primats und des Charakters des Bischofsamtes in eine schwere Krise geriet. Diese wurde erst nach dem Tod der Konzilspräsidenten Gonzaga und Seripando überwunden, weil der Papst Kardinal Morone mit der Präsidentschaft betraute, der das Konzil 1563 zum glücklichen Abschluß führte. Nicht definiert hat das Konzil den Primat des Papstes, obschon es von seiten Pius' IV. einen entsprechenden Druck gab. Mit der Bulle *Benedictus Deus* von 1564 bestätigte Pius IV. die Konzilsdekrete und begann die Beschlüsse mit Eifer umzusetzen. Dieser Papst ist als großer Mäzen in die Geschichte der Kunst eingegangen. Er ließ im Vatikan durch Pirro Ligorio den Belvederehof vollenden, in den Gärten des Vatikans das Casino erbauen und durch Michelangelo in den Diokletianischen Thermen die Kirche Santa Maria degli Angeli errichten.

Pius V. 1566–1572

Michele Ghislieri. Geboren: 17. Januar 1504 in Bosco bei Alessandria. Gewählt: 7. Januar 1566. Gestorben: 1. Mai 1572. Beigesetzt: S. Maria Maggiore, Rom. Heilig: 1712. Fest: 30. April.

Der ehemalige Dominikaner und Großinquisitor Pius V. war überaus streng und fromm. Täglich feierte er die Messe, was in jener Zeit selbst für eifrige Priester nicht selbstverständlich war. Großen Eindruck machte er auf die einfachen Leute. Leopold von Ranke schreibt: „Das Volk war hingerissen, wenn es ihn in der Prozession sah, barfuß, ohne Kopfbedeckung". Pius V. war ein wahrer Asket. Seine Mahlzeiten waren überaus karg. Dementsprechend bestand er auch nur aus Haut und Knochen, wie ein Gesandter schrieb. Auch die päpstliche Hofhaltung mußte sich bemühen, wie der Papst Sparsamkeit zu üben. Man sagte ihm nach, daß er die ganze Stadt in ein Kloster verwandeln wollte.

Zusammen mit Pius X. ist er der vorerst einzige Papst der Neuzeit, der heiliggesprochen worden ist. Pius V. bekämpfte jegliche Art von Mißbräuchen und reorganisierte die Kurie. Unter ihm nahm die Zahl der Prozesse der Inquisition gewaltig zu. In ihre Fangarme geriet der Primas von Spanien, Bartolomeo Carranza. Der Apostolische Notar Pietro Carnesecchi wurde 1567 verbrannt. Den Prozeß gegen den Retter des Konzils von Trient, Giovanni Morone, wollte Pius V. wieder aufrollen. Den alten Palast der Inquisition, der nach dem Tode Pauls IV. in Flammen aufgegangen war, ließ er neu aufbauen.

Pius V. leistete aber auch eine positive geistliche Aufbauarbeit. Im Jahre 1566 veröffentlichte er den römischen Katechismus, 1568 das römische Brevier und 1570 das römische Meßbuch. Damit war die römische Liturgie bis zum Zweiten Vatikanischen Konzil fixiert. Noch ganz auf dem Boden des mittelalterlichen Kirchenrechtes stehend, bannte er am 25. Februar 1570 mit der Bulle *Regnans in excelsis* Elisabeth von England und setzte sie als Königin ab. Auf sein Betreiben kam eine Liga mit Spanien und Venedig zustande, die 1571 einen großen Sieg über die Türken bei Lepanto errang. In Erinnerung an diese Schlacht führte der Papst das Fest Unserer Lieben Frau vom Siege ein, das heute im Rosenkranzfest am 7. Oktober weiterlebt.

Gregor XIII. 1572–1585

Ugo Buoncompagni. Geboren: 1. Januar 1502 in Bologna. Gewählt: 13. Mai 1572. Gestorben: 10. April 1585. Beigesetzt: St. Peter, Rom.

Der Sohn eines ehemaligen Kaufmanns und Legaten in Madrid verdankte seine schnelle Wahl Philipp II. von Spanien. Gregor XIII. war von Natur aus heiter und lebenslustig. Er hatte auch einen Sohn, der ihm geboren wurde, ehe er die geistlichen Weihen empfangen hatte. Kirchenpolitischen Erwägungen war Gregor XIII. viel zugänglicher als sein Vorgänger. Um den katholischen Besitzstand in Deutschland zu sichern, ließ er es zu, daß der ungeistliche Ernst von Wittelsbach in krassem Widerspruch zum tridentinischen Verbot der Bistumskumulation schließlich fünf Diözesen in seiner Hand vereinigte. Aus kirchenpolitischen Erwägungen fand sich Gregor auch bereit, den dreijährigen Philipp Wilhelm von Wittelsbach als Bischof von Regensburg zu bestätigen. 1576 ernannte er den Sohn des um die Kirche seines Landes hochverdienten Erzherzogs Ferdinand II. von Tirol, Andreas von Österreich, zum Kardinal, obschon er nicht das gesetzliche Alter besaß.

Ein großes Verdienst Gregors XIII. war die Umwandlung der Nuntiaturen zu Instrumenten der Kirchenreform. Da die vom Trienter Konzil vorgesehene Errichtung von Priesterseminaren im deutschen Sprachraum auf große Schwierigkeiten stieß, förderte Gregor XIII. den Ausbau römischer Kollegien. Die Pontificia Universitas Gregoriana erinnert heute noch an Gregor XIII. Durch die Angliederung des ungarischen Kollegs wurde das deutsche Kolleg zum Collegium Germanicum et Hungaricum. Für die deutschen Angelegenheiten ließ er 1573 die Congregatio Germanica errichten. An Gregor XIII. erinnert auch die Reform des Julianischen Kalenders von 1582. Nichts entschuldigt, daß der Papst in Rom ein feierliches Tedeum halten ließ, als er 1572 die Kunde von der Bartholomäusnacht erhielt und sich sogar bereit erklärte, einem Meuchelmord an der englischen Königin zuzustimmen. Erfreulich hingegen ist, daß Gregor in Rom eine vielfältige Bautätigkeit entwickelte. Er ließ den Quirinalpalast erbauen und förderte den Bau der Kirche Chiesa Nuova und die Fertigstellung der Jesuitenkirche Il Gesù.

Sixtus V. 1585–1590

Felice Peretti. Geboren: 13. Dezember 1521 in Grottamare bei Ancona. Gewählt: 24. April 1585. Gestorben: 27. August 1590. Beigesetzt: S. Maria Maggiore, Rom.

Sixtus V., der als Kind noch die Schweine seines Vaters gehütet hatte, war eine imponierende Herrschergestalt, ein geborener Monarch und ein eiserner Papst. Sein Onkel erkannte seine Talente und nahm ihn ins Franziskanerkloster von Montalto auf. Sixtus besaß eine streng kirchliche Gesinnung und eine staatsmännische Begabung. Königin Elisabeth I. soll gesagt haben, daß er der einzige Mann in Europa war, der ihr zum Ehemann getaugt hätte. Über das Aussehen des Papstes schreibt Gregorovius: „Seine Augen waren lebhaft und klein, seine Augenbrauen dicht und schwarz, sein Bart lang und weiß".

Mit drakonischer Strenge ging der Papst gegen das Räuberwesen in Rom und im Kirchenstaat vor. Man erzählt sich, daß schon in seinem ersten Regierungsjahr in Rom mehr Köpfe rollten als Melonen auf den Markt kamen. Die größten Verdienste um die katholische Reform erwarb sich der Papst durch die Reorganisation der römischen Kurie. Im Jahre 1588 errichtete er 15 Kardinalskongregationen mit genau umschriebenen Kompetenzen. Die Zahl der Kardinäle legte er auf 70 fest. Zur Revision der lateinischen Bibelübersetzung Vulgata setzte er eine Kommission ein. Als sie zu langsam arbeitete, nahm der Papst die Arbeit persönlich in die Hand und veröffentlichte 1590 ungeachtet aller Einwände der Fachleute die neue Vulgata. Nach dem Tod des Papstes stellten die Kardinäle den Verkauf schnellstens ein, da das Machwerk voller Fehler war.

Auf politischem Gebiet war Sixtus bemüht, das Gleichgewicht der katholischen Staaten zu erhalten. Als Bellarmin dem

Papst nur eine indirekte weltliche Gewalt zugestand, widerstrebte das dem Papst so sehr, daß er das Werk des berühmten Theologen *De controversiis* auf den Index setzte. Urban VII., sein Nachfolger, nahm die Weisung sofort zurück. Sixtus V. gelang das Kunststück, die päpstlichen Finanzen in kürzester Zeit in Ordnung zu bringen, obwohl er von einer regelrechten Bauwut besessen war und aus Rom die schönste Stadt der Welt machen wollte.

Kein Papst hat es verstanden, dem jahrtausendealten Antlitz der Stadt Rom den Stempel seiner Persönlichkeit so aufzudrücken wie er. Er ließ die Kuppel von St. Peter vollenden, den Wohnpalast des Papstes bauen und verschiedene Obelisken aufstellen. Den alten Lateranpalast ließ er durch einen neuen ersetzen und eine große Verbindungsstraße vom Pincio nach Santa Maria Maggiore ziehen, wo er für sich und seinen Gönner Pius V. eine prächtige Grabkapelle errichtete. Ein Relief seines Grabmales zeigt seine Milizen mit den Köpfen der getöteten Banditen.

Urban VII. 1590

Giambattista Castagna. Geboren: 4. August 1521 in Rom. Gewählt: 15. September 1590. Gestorben: 27. September 1590. Beigesetzt: S. Maria Maggiore, Rom.

Urban VII. stammte aus genuesischem Adel und war Erzbischof von Rossano. Er wird allgemein als ruhiger und ernster Charakter beschrieben. Bereits im Konklave von 1585 hatte er zu den „papabiles“ gehört. Leider verstarb er schon nach 12 Tagen wie sein Vorgänger an Malaria.

Gregor XIV. 1590–1591

Niccolò Sfondrati. Geboren: 11. Februar 1535 in Somma Lombardo bei Varese. Gewählt: 5. Dezember 1590. Gestorben: 16. Oktober 1591. Beigesetzt: St. Peter, Rom.

Seit 1560 war Sfondrati, befreundet mit Karl Borromäus und Philipp Neri, Bischof von Cremona und seit 1583 Kardinal. Nach dem Tod Urbans VII. tauchten erstmals jene dem hl. Malachias von Armagh († 1148) zugeschrieben Papstprophezeihungen auf, die bald große Verbreitung fanden. Auf spanischem Druck hin wurde Sfondrati gewählt. Der neue Papst war kränklich und politisch unerfahren. Er unterstützte die spanische Politik gegen Heinrich IV. von Frankreich.

Innozenz IX. 1591

Giovanni Antonio Facchinetti. Geboren: 20. Juli 1519 in Bologna. Gewählt: 29. Oktober 1591. Gestorben: 30. Dezember 1591. Beigesetzt: St. Peter, Rom.

Facchinetti war seit 1576 lateinischer Patriarch von Jerusalem und seit 1583 Kardinal. Innozenz IX., ein kränklicher Greis, wurde auf Druck Spaniens gewählt. In den knapp drei Monaten seines Pontifikats traf er eine wichtige Entscheidung. Er gliederte das Staatssekretariat in eine Abteilung für Frankreich und Polen, eine für Spanien und Italien und eine für die deutschen Angelegenheiten auf.

Clemens VIII. 1592-1605

Ippolito Aldobrandini. Geboren: 24. Februar 1536 in Fano. Gewählt: 30. Januar 1592. Gestorben: 5. März 1605. Beigesetzt: S. Maria Maggiore, Rom.

Wie die drei vorhergehenden Päpste stand auch Clemens VIII. unter starkem spanischen Einfluß. Er entstammte einer Juristenfamilie aus Florenz. Unter Sixtus V. wurde er Kardinal und Großpönitentiar. Der neue Papst führte das Leben eines frommen Priesters und pilgerte allmonatlich zu den sieben Hauptkirchen Roms. Bei der hl. Messe, die er täglich feierte, soll er immer wieder in Tränen ausgebrochen sein.

Wie einen Vater verehrte er Philipp Neri, eine der liebenswürdigsten Gestalten der katholischen Reform in Rom. Von Natur aus furchtsam, war Clemens VIII. kein Mann der raschen Entschlüsse, sondern eher ein ängstlicher Zauderer, der alle Entscheidungen hinausschob. Leider war er nicht frei von Vetternwirtschaft. Nach einigem Zögern ernannte er seine beiden Neffen Cinzio Passeri und Pietro Aldobrandini zu Kardinälen und übertrug ihnen die Leitung des Staatssekretariates. Die spanischen Erwartungen hat der Papst enttäuscht, als er Heinrich IV. von Frankreich anerkannte. Durch ihn begann die Reformbewegung an Schwung zu verlieren. Großes Aufsehen erregte die Verbrennung des Giordano Bruno im Jahre 1600 in Rom. Im gleichen Jahr wurde ein eindrucksvolles Heiliges Jahr begangen. Die Schar der Pilger schätzte man auf über eine Million. Den zwischen Jesuiten und Dominikanern ausgebrochenen Gnadenstreit ließ der Papst wohlweislich unentschieden. Clemens VIII. erwies sich auch als großzügiger Mäzen. Unter ihm wurde der vatikanische Palast vollendet und die Peterskuppel durch Cavaliere d'Arpino ausgeschmückt.

Leo XI. 1605

Alessandro Ottaviano dei Medici. Geboren: 2. Juni 1535 in Florenz. Gewählt: 1. April 1605. Gestorben: 27. April 1605. Beigesetzt: St. Peter, Rom.

Leo XI. wurde unter französischem Druck gewählt. Der aus einer Seitenlinie der berühmten Florentiner Familie stammende Ottaviano war als Kardinalslegat Clemens' VIII. am Friedensschluß von Vervins 1598 maßgeblich beteiligt. Leo XI. war ein feingebildeter und geistvoller Mann, der sich mit seinem scharfen Witz als echter Sohn seiner toskanischen Heimat erwies. Nach ihm ist die Villa Medici auf dem Pincio in Rom benannt.

Paul V. 1605–1621

Camillo Borghese. Geboren: 17. September 1552 in Rom. Gewählt: 16. Mai 1605. Gestorben: 28. Januar 1621. Beigesetzt: S. Maria Maggiore, Rom.

Paul V. war Bischof von Jesi und seit 1603 Kardinalvikar in Rom. Er besaß einen sehr bedächtigen, aller Hast abgeneigten Charakter und ging immer mit größter Gewissenhaftigkeit vor. Auch die einwandfreie Lebensführung und Frömmigkeit wurden am Papst allgemein gerühmt. Statt des bis dahin üblichen Vollbartes trug Paul V. als erster Papst den kleinen Kinnbart, den sich alle Nachfolger bis Innozenz XII. wachsen ließen.

Mit der Republik Venedig geriet Paul V. in eine schwere Auseinandersetzung. Im Dreißigjährigen Krieg unterstützte er Kaiser Ferdinand II. und die Liga reichlich mit Hilfsgeldern. An den Sieg der kaiserlichen Truppen am Weißen Berg erinnert heute noch die Kirche Santa Maria della Vittoria in Rom. Im ständigen spanisch-französischen Konflikt bemühte sich

Paul V. um strikte Neutralität. Im Jahre 1614 sorgte er bei der Neuausgabe der reformierten liturgischen Bücher für die Veröffentlichung des *Rituale Romanum*. Unter ihm wurde im Prozeß gegen Galilei 1616 das kopernikanische Weltsystem verurteilt.

Ganz besonders förderte Paul V. die Orden und die Kongregationen. So bestätigte er die Satzungen der Oratorianer und unterstützte den von Johannes von Gott gegründeten Orden der Barmherzigen Brüder sowie die für den Krankendienst errichtete Stiftung des Camillo de Lellis. 1610 sprach Paul V. Karl Borromäus heilig, dem zu Ehren in Rom noch während des Pontifikats drei bedeutende Kirchen gebaut wurden. Leider neigte Paul V. zum Nepotismus. Auf diesen Papst und seinen Neffen Scipione Borghese gehen in Rom Palazzo und Villa Borghese, die Cappella Paolina und die Acqua Paola zurück. Am Gebälk von St. Peter verkündet die monumentale Inschrift die Vollendung der Fassade mit folgenden Worten: „Zu Ehren der Apostelfürsten Paul V. Borghese, Pontifex Maximus, im Jahre 1612, im siebten Jahr seines Pontifikates".

Gregor XV. 1621–1623

Alessandro Ludovisi. Geboren: 9. Januar 1554 in Bologna. Gewählt: 9. Februar 1621. Gestorben: 8. Juli 1623. Beigesetzt: Sant' Ignazio, Rom.

Alessandro Ludovisi war vor seiner Erhebung Erzbischof von Bologna, wo er vortrefflich gewirkt hatte. Der neue Papst besaß einen aufrechten und wahrheitsliebenden Charakter, ihm lagen Winkelzüge und Intrigen absolut fern. Kränklich und mit 67 Jahren altersschwach ernannte Gregor XV. noch am Tage seiner Krönung seinen 25jährigen Neffen Ludovico Ludovisi zum Kardinal und übertrug ihm die Leitung der geistlichen und weltlichen Geschäfte des Heiligen Stuhles. Der hochbegabte junge Mann führte die Regierungsgeschäfte mit Energie, Umsicht und Klugheit. Er war es eigentlich, der diesem Pontifikat große Bedeutung verlieh.

Nach Ludwig von Pastor († 1928) hat wohl niemals zuvor ein so kurzes Pontifikat so tiefe Spuren in der Kirchengeschichte hinterlassen. Die Gründung der Propagandakongregation 1622 stellt einen Markstein in der Missionsgeschichte dar, sie wurde die Zentrale für die gesamte kirchliche Weltmission. Gregor XV., ein großer Freund der Jesuiten, kanonisierte Ignatius von Loyola und Franz Xaver, aber auch Theresia von Avila und Philipp Neri. Auf Ludovico Ludovisi gehen der Bau von Sant' Ignazio, die Villa Ludovisi am Pincio und eine prächtige Antikensammlung zurück.

Urban VIII. 1623–1644

Maffeo Barberini. Geboren: 5. April 1568 in Florenz. Gewählt: 6. August 1623. Gestorben: 29. Juli 1644. Beigesetzt: St. Peter, Rom.

Als Nuntius in Paris von 1604 bis 1607 hat sich Maffeo Barberini besonders profiliert und damit schon 1606 den roten Hut verdient. Anschließend war er Bischof von Spoleto und Legat von Bologna. Urban VIII. war hochgebildet und besaß einen selbstbewußten, cholerischen Charakter, der keinen Widerspruch duldete. Er hatte auch keine Bedenken, sich zu Lebzeiten eine Ehrensäule auf dem Kapitol zu errichten. Belastet wurde dieses Pontifikat vor allem durch maßlosen Nepotismus. Auf Drängen der Nepoten ließ Urban VIII. 1643 das päpstliche Lehen Castro mit einer sehr fadenscheinigen Begründung besetzen. Da aber dessen Besitzer, der Herzog Odoardo Farnese von Parma, den Rückhalt Frankreichs und Venedigs besaß, kam es zum Castro-Krieg, der mit der Niederlage der Schlüsselsoldaten endete. Wegen seiner schamlosen Vetternwirtschaft geriet der Papst auf seinem Sterbebett sogar in Gewissensnot.

Wenig Geschick zeigte der Papst den Problemen des Dreißigjährigen Krieges gegenüber. Vor allem unterstützte er Kaiser Ferdinand II. nicht so, wie es erforderlich gewesen wäre. Nicht zu Unrecht hat Leopold von Ranke behauptet, daß Urban VIII. mit seiner antihabsburgischen Politik Richelieu begünstigt und damit den Protestantismus gerettet habe. Großes Aufsehen erregte 1633 die Verurteilung des berühmten Naturwissenschaftlers Galileo Galilei († 1642) durch das Heilige Offizium. Die ganze Tragik des Konfliktes, der die Beziehungen zwischen Glauben und Wissen bis heute schwer belastet, besteht gerade in der Tatsache, daß Galilei die Heilige Schrift im Unterschied zu den Glaubenshütern richtig verstanden hat.

1631 hat Urban VIII. das von Mary Ward gegründete Institut der Englischen Fräulein aufgehoben.

In der Verschönerung Roms wetteiferte Urban VIII. mit seinen Neffen und erwarb sich dabei unter den Römern nicht nur Freunde. Er ließ den Bronzebeschlag der Vorhallendecke des Pantheons entfernen und daraus Kanonen für die Engelsburg gießen. Ein Teil dieser Bronze wurde für den Baldachin der Peterskirche verwendet. Dieses Vorgehen trug Urban VIII. eine bissige Pasquille ein: „Quod non fecerunt barbari, nunc fecerunt Barberini – Was die Barbaren nicht vernichtet haben, haben nun die Barberini zerstört." Seit Petrus Damiani († 1072) war man der Meinung, kein Papst werde die angeblichen 25 Regierungsjahre des heiligen Petrus erreichen. Deshalb raunte ein Priester dem sterbenden Urban VIII. ins Ohr: „Du wirst die Jahre des hl. Petrus nicht sehen." Worauf der Papst antwortete: „Non est de fide – das ist nicht Glaubenssache."

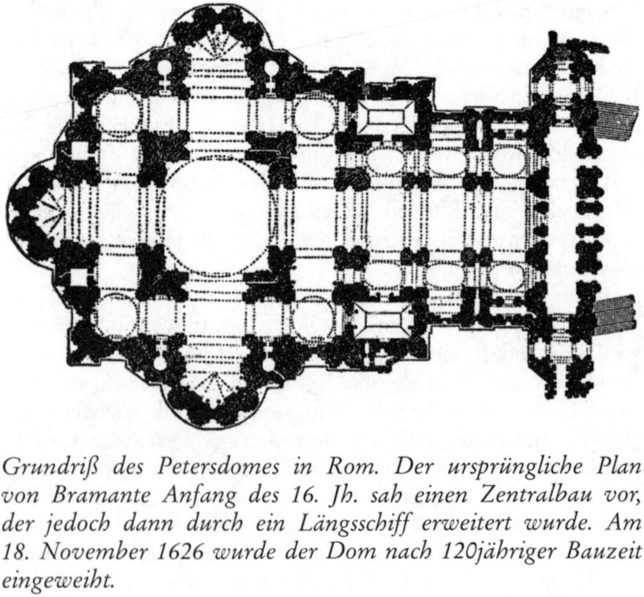

Grundriß des Petersdomes in Rom. Der ursprüngliche Plan von Bramante Anfang des 16. Jh. sah einen Zentralbau vor, der jedoch dann durch ein Längsschiff erweitert wurde. Am 18. November 1626 wurde der Dom nach 120jähriger Bauzeit eingeweiht.

Innozenz X. 1644–1655

Giambattista Pamfili. Geboren: 6. Mai 1574 in Rom. Gewählt: 15. September 1644. Gestorben: 7. Januar 1655. Beigesetzt: S. Agnese, Rom.

Giambattista Pamfili war vor seiner Wahl im diplomatischen Dienst und seit 1627 Kardinal. Da Spanien im Konklave von 1644 gegen den aussichtsreichen Kandidaten Kardinal Sacchetti das Veto eingelegt hatte, einigten sich die Kardinäle auf Giambattista Pamfili, der sich den Namen Innozenz X. zulegte, weil seine Familie unter Innozenz VIII. begonnen hatte, in Rom Einfluß zu gewinnen. Der neue Papst war klug und zurückhaltend, aber auch argwöhnisch und wankelmütig. Über das Bild, das Diego Velázquez vom Papst gemalt hat, soll Innozenz X. gesagt haben: „Troppo vero – allzu wahr!"

Nach Pastor war sein Pontifikat weder glänzend noch glücklich. Innozenz X. stand weitgehend unter dem Einfluß der herrschsüchtigen Donna Olimpia Maidalchini, seiner Schwägerin, die in zweiter Ehe mit seinem ältesten Bruder verheiratet war. Dieser Einfluß ging so weit, daß Diplomaten, Prälaten und selbst Kardinäle sich eifrig um ihre Gunst bemühten. Obwohl sich Olimpia Maidalchini während des Pontifikats ihres Schwagers schamlos bereicherte, weigerte sie sich nach dessen Tod, auch nur die Kosten für den Sarg des Papstes zu tragen. Das römische Volk hatte sie spöttisch „Olim pia – die einstmals Fromme" genannt. Ansonsten sorgte Innozenz X. in Rom für Ruhe und Ordnung. Die Nepoten seines Vorgängers zog er wegen Veruntreuung öffentlicher Gelder zur Rechenschaft. Sie flüchteten nach Frankreich und fanden dort beim leitenden Minister, Kardinal Mazzarin, einen Beschützer, der Rom sogar mit Krieg drohte.

Innozenz erlebte auch das Ende des Dreißigjährigen Krieges durch den Westfälischen Frieden im Jahr 1648, der für die katholische Kirche sehr bedrückende Folgen hatte. Dieser Friedensschluß schrieb die kirchliche Spaltung des Reiches endgültig fest. Gegen die die katholische Kirche schwer schädigenden Bestimmungen protestierte der Papst heftig, aber erfolglos mit der Bulle *Zelo domus Dei*. Mit der Bulle *Cum occasione* verurteilte er 1653 fünf Sätze aus dem Werk *Augustinus* von Cornelius Jansenius. Innozenz X. hat sich um die Verschönerung Roms besonders verdient gemacht. Auf ihn gehen die Prachtvilla Doria Pamfili, der Familienpalast und der Vierflüsse Brunnen auf der Piazza Navona sowie die Innenausstattung der Lateranbasilika zurück.

Die Päpste im Zeitalter des Staatskirchentums und der Aufklärung

Von Alexander VII. bis Pius VI.
Von 1655 bis 1799

Alexander VII. 1655–1667

Fabio Chigi. Geboren: 13. Februar 1599 in Siena. Gewählt: 7. April 1655. Gestorben: 22. Mai 1667. Beigesetzt: St. Peter, Rom.

In Erinnerung an seinen Landsmann Alexander III. nannte sich der neue Papst Alexander VII. Dabei spielte offenbar die Erinnerung an den berüchtigten Alexander VI. keine Rolle. Chigi stammte aus einer berühmten sienesischen Familie. Im Jahre 1639 wurde er Nuntius in Köln und nahm 1648 auch an den Verhandlungen zum Westfälischen Frieden teil. Seit 1652 war er Staatssekretär. Alexander VII. war fromm, geistig wach, aber kränklich. Gleich nach der Wahl ließ er sich einen Sarg anfertigen und ins Schlafgemach stellen, um ständig an den Tod erinnert zu werden. Es wird auch erzählt, daß er aus einem silbernen Becher trank, auf dessen Grund ein Totenkopf eingraviert war.

Mit Alexander VII. begann die Zeit der französischen Vormachtstellung über das Papsttum. Er mußte sich im Streit um die Quartierfreiheit 1664 einem demütigenden Diktat Ludwigs XIV. unterwerfen. Ein Trost für den Papst war der Übertritt der Königin Christine von Schweden zur katholischen Kirche. Die exzentrische Tochter Gustav Adolfs, die 1644 die Regierung ihres Landes angetreten hatte, stand mit den bedeutendsten Gelehrten der Zeit, darunter Hugo Grotius und René Descartes, in Verbindung und lernte auf diese Weise auch den Katholizismus kennen. Am 3. November 1655 erfolgte in der Hofkirche zu Innsbruck ihre feierliche Aufnahme in die katholische Kirche. Anschließend begab sie sich nach Rom, wo ihr der Papst einen prunkvollen Empfang bereitete. Über dem Torbogen der Porta del Popolo sieht man heute noch die von Alexander VII. zu diesem Anlaß selbst verfaßte Inschrift: „Felici faustoque ingressui anno salutis 1655 – Der glücklichen und schicksalhaften Einreise im Jahr des Heils 1655“.

Alexander VII. war ein großer Förderer der Kunst und Wissenschaft. Mit Bernini hatte der Papst einen genialen Künstler. Auf ihn gehen die Cathedra Petri in der Peterskirche, die Scala Regia im Vatikan und vor allem die Anlage des Petersplatzes zurück.

Clemens IX. 1667–1669

Giulio Rospigliosi. Geboren: 28. Januar 1600 in Pistoia. Gewählt: 20. Juni 1667. Gestorben: 9. Dezember 1669. Beigesetzt: S. Maria Maggiore, Rom.

Rospigliosi war Nuntius in Spanien und Staatssekretär unter Alexander VII. Er war bescheiden und mild. Aus dem Bildnis, das Carlo Maratti von ihm gemalt hat, spricht nicht nur Güte, sondern auch die Müdigkeit und Resignation eines alten Mannes, der angesichts seines schlechten Gesundheitszustandes nur ein Übergangspapst sein konnte. Die beiden zentralen Aufgaben seines Pontifikats waren die Türkenabwehr und der Versuch, den Jansenistenstreit beizulegen. Leider mußte der Papst zusehen, wie im Jahre 1669 die Türken die Insel Kreta eroberten. Im gleichen Jahre kam es zwischen Rom und den Jansenisten zum sogenannten Clementinischen Frieden, der aber nur äußerlich und vorübergehend Ruhe in diesen 100jährigen Krieg der Theologie brachte.

Clemens X. 1670–1676

Emilio Altieri. Geboren: 12. Juli 1590 in Rom. Gewählt: 29. April 1670. Gestorben: 22. Juli 1676. Beigesetzt: St. Peter, Rom.

Wegen der Gegensätze zwischen der spanischen und der französischen Partei zog sich das Konklave 1670 ganze vier Monate hin. Schließlich einigten sich die Kardinäle auf den 80jährigen Emilio Altieri. Altieri hatte die Diplomatenlaufbahn durchgemacht. Nachdem er in Neapel und Polen als Nuntius gewirkt hatte, wurde er 1669 Kardinal. Ungeachtet seines Alters war der neue Papst immer noch eine stattliche Erscheinung. Sommers wie winters war er schon lange vor Sonnenaufgang auf den Beinen und manchmal erteilte er schon um fünf Uhr morgens Audienzen. Das konnte aber nicht darüber hinwegtäuschen, daß er wegen seines Alters den Anforderungen des Amtes nicht gewachsen war. So mußte er die Regierungsgeschäfte seinem Adoptivneffen Paluzzi Altieri überlassen, der sich dabei übermäßig bereicherte und in der Amtsführung nicht immer eine glückliche Hand bewies.

Das Pontifikat Clemens' X. war hauptsächlich von der Türkengefahr überschattet. Im Jahre 1673 gelang es Jan Sobieski, mit finanzieller Unterstützung des Papstes, ein Heer aufzustellen und die Türken am Dnjestr vernichtend zu schlagen. Im Jahre 1671 kanonisierte Clemens X. Gaetano da Tiene, den Gründer der Theatiner, Franz Borja, Jesuitengeneral und Urenkel Alexanders VI. sowie Rosa von Lima, die erste Heilige Südamerikas. Ein Jahr später sprach er den großen Reformpapst Pius V. selig.

Innozenz XI. 1676–1689

Benedetto Odescalchi. Geboren: 19. Mai 1611 in Como. Gewählt: 21. September 1676. Gestorben: 12. August 1689. Beigesetzt: St. Peter, Rom. Selig: 1956. Fest: 12. August.

Innozenz XI. war ein strenger Asket von wahrhaft seelsorglicher Gesinnung. Wenn es aber um christliche Grundsätze und um die päpstliche Autorität ging, kannte er keine Gnade. Er verabscheute jegliche Art von Nepotismus. Öfters sagte er, daß er seinen Neffen Don Livio liebe, was dieser wegen seiner Bescheidenheit verdiene. Aber eben darum wolle er ihn nicht in seinem Palast haben. Innozenz wurde schon zu Lebzeiten wie ein Heiliger verehrt. Der neue Papst entstammte einer reichen Kaufmannsfamilie aus Como. Nach seinen Studien und einigen Ämtern in Rom war er von 1646 bis 1650 Legat in Ferrara. Anschließend wurde er Bischof von Novara und bereits 1645 Kardinal.

Das Verhältnis zum mutwilligen und machthungrigen Ludwig XIV. hat den Odescalchi-Papst schwer belastet. Ludwig XIV. hatte das Regalienrecht 1673 und 1675 auf alle der französischen Krone zugehörigen Länder ausgedehnt. Als sich der Papst in einer Ansprache 1681 scharf gegen den Sonnenkönig wandte, berief dieser eine Generalversammlung des Klerus ein, die 1682 die vier berühmten gallikanischen Artikel proklamierte. Diese schränkten die Vollmachten des Papstes ein und unterstellten ihn dem Allgemeinen Konzil. Die mit der Aufhebung des Ediktes von Nantes 1685 beginnende Verfolgung der Hugenotten hat beim Papst keinen Gefallen gefunden. 1687 verwarf Innozenz XI. den Quietismus, der besonders das Gnadenwirken Gottes ohne menschliches Zutun betonte.

Das größte Verdienst des Papstes war es, ein Bündnis zwischen König Jan Sobieski von Polen und Kaiser Leopold I. zustande gebracht zu haben. Am 12. September 1683 schlugen die vereinten Truppen die Türken bei Wien. Mit Recht hat man Innozenz XI. einen Verteidiger des christlichen Abendlandes genannt. In Erinnerung an dieses historische Ereignis wurde für diesen Tag das Fest Mariä Namen eingeführt.

Alexander VIII. 1689–1691

Pietro Ottoboni. Geboren: 22. April 1610 in Venedig. Gewählt: 6. Oktober 1689. Gestorben: 1. Februar 1691. Beigesetzt: St. Peter, Rom.

Im Konklave von 1689 wählten die Kardinäle den fast 80jährigen Venezianer Pietro Ottoboni, der sich Alexander VIII. nannte, weil sich der Neffe von Alexander VII., Kardinal Flavio Chigi, sehr für seine Wahl eingesetzt hatte. Von 1654 bis 1664 war Ottoboni Bischof von Brescia. Im Gegensatz zu seinem wortkargen und verschlossenen Vorgänger besaß Alexander VIII. ein heiteres und freundliches Wesen, das ihm die Sympathien der Römer einbrachte. Sein Pontifikat war allerdings von einem maßlosen Nepotismus überschattet. Den kaum 20 Jahre alten Großneffen Pietro ernannte Alexander VIII. zum Kardinal und zum regierenden Nepoten. Auch die anderen Familienmitglieder hat er mit Reichtümern überhäuft. Obwohl Alexander auf Aussöhnung bedacht war, trat in den Beziehungen zu Frankreich kaum eine Entspannung ein. Unnachgiebig zeigte sich Alexander VIII. in der Frage der sogenannten Gallikanischen Artikel von 1682, die das Konzil über den Papst setzten. Noch kurz vor seinem Tode hat er sie mit der Konstitution *Inter multiplices* ausdrücklich verurteilt.

Innozenz XII. 1691–1700

Antonio Pignatelli. Geboren: 13. März 1615 bei Spinazzola (Basilicata). Gewählt: 12. Juli 1691. Gestorben: 27. September 1700. Beigesetzt: St. Peter, Rom.

Antonio Pignatelli war Nuntius in Warschau und Wien und seit 1687 Erzbischof von Neapel. Beim Konklave von 1691 war Kardinal Gregorio Barbarigo der aussichtsreichste Kandidat. Wegen seiner guten Beziehungen zu Frankreich lehnte ihn aber die Wiener Regierung ab. Schließlich einigten sich die Kardinäle auf den 76jährigen Antonio Pignatelli. Seine Namenswahl sollte ein Ausdruck der Dankbarkeit gegenüber Innozenz XI. sein, der dem neuen Papst auch als Vorbild diente.

Wie dieser hielt sich Innozenz XII. vom Nepotismus fern. Dieses Übel zieht sich wie ein Krebsgeschwür durch die Papstgeschichte. Innozenz XII. setzte dieser Verwandtenwirtschaft ein Ende. Mit der Bulle *Romanum decet Pontificem* von 1692 verbot er, die päpstlichen Verwandten in irgend einer Weise mit Gütern der Kirche zu bereichern. Das Amt des Papstnepoten wurde abgeschafft, an seine Stelle trat nun der Kardinalstaatssekretär. Mit der Bulle *Ecclesiae catholicae* von 1695 verbot Innozenz XII. auch die seit 1352 üblichen Wahlkapitulationen des Kardinalkollegiums, an die sich aber die Päpste selten gehalten haben.

Mit Frankreich gelangte Innozenz XII. zu einem Ausgleich. Diese Annäherung an Frankreich führte allerdings zu einer Abkühlung der Beziehungen zum Kaiser. In Polen war der Papst nach dem Tode Sobieskis 1696 um die Wahl eines katholischen Nachfolgers bemüht. Als Kurfürst Friedrich August von Sachsen 1697 zum Katholizismus übertrat, war Innozenz XII. hocherfreut und sandte ihm ein Glückwunschschreiben. Am Ende seiner Regierung mußte sich der Papst noch mit der spanischen Erbfolge befassen. Nach dem Tod des bayerischen Kurfürsten Joseph Ferdinand im Jahre 1699, entschied er sich für den Franzosen Philipp V. In Rom entfaltete Innozenz XII. auch eine rege Bautätigkeit. Auf ihn gehen die Curia Innocenziana am Montecitorio zurück, die heute die Abgeordnetenkammer beherbergt, und das Ospizio di S. Michele am Tiberufer.

Clemens XI. 1700–1721

Giovanni Francesco Albani. Geboren: 22. Juli 1649 in Urbino. Gewählt: 23. November 1700. Gestorben: 19. März 1721. Beigesetzt: St. Peter, Rom.

Die feine Bildung, die Lauterkeit seines Charakters, der tadellose Lebenswandel und die außerordentliche Freigebigkeit gegenüber den Armen machten diesen Papst bei hoch und niedrig beliebt. Dennoch wurde sein Pontifikat reich an Enttäuschungen und Schwierigkeiten. Die Frage der spanischen Erbfolge brachte ihn in eine schier verzweifelte Lage. Aus Furcht vor einer habsburgischen Vormachtstellung in Italien neigte er Frankreich zu. Kaiser Joseph I. (1705–1711) ließ deshalb einen Teil des Kirchenstaates besetzen. Dabei kam es 1708 zu einem kurzen Krieg, dem letzten bewaffneten Zusammenstoß zwischen einem deutschen Kaiser und einem Papst. Die kaiserlichen Truppen hatten leichtes Spiel und zwangen den Papst zu Friedensverhandlungen. Ein Artikel verpflichtete den Papst, den Bruder des Kaisers als spanischen König anzuerkennen. Darauf antwortete Philipp V. von Spanien mit Gegenmaßnahmen. Bei den nachfolgenden Länderverteilungen, die die Oberlehensrechte des Papstes betrafen, wurde Clemens XI. völlig übergangen.

Auch im innerkirchlichen Bereich hatte der Papst wenig Glück. Vor allem der Konflikt mit dem Jansenismus machte ihm viel zu schaffen. Mit der berühmten Bulle *Unigenitus* verurteilte er 1713 101 Sätze aus dem Werk *Réflexions morales* des Jansenisten Paschasius Quesnel. Der Widerstand ging aber unbeirrt weiter und im Jahre 1717 appellierten einige Bischöfe sogar an ein Allgemeines Konzil. Mit dem Verbot der Anpassung an das chinesische Brauchtum 1715 wurde die kirchliche Missionsarbeit für Jahrhunderte zurückgeworfen.

Innozenz XIII. 1721–1724

Michelangelo dei Conti. Geboren: 13. Mai 1655 in Poli bei Palestrina. Gewählt: 8. Mai 1721. Gestorben: 7. März 1724. Beigesetzt: St. Peter, Rom.

Michelangelo dei Conti war zunächst in kurialem Dienst und von 1712 bis 1719 Bischof von Viterbo. Nach dem Tode Clemens' XI. legte Kardinal Althan im Namen des Kaisers das Veto gegen die Kandidatur des bisherigen Staatssekretärs Paoluzzi ein. Wegen der langen Regierungszeit Clemens' XI. waren die Kardinäle entschlossen, nur einen älteren Kandidaten zu wählen. Selbst der 61jährige Cornaro schien ihnen noch zu jung. Bei Michelangelo dei Conti, der gesundheitlich angeschlagen war, erwartete man kein langes Pontifikat. Der Name des Papstes erinnerte an Innozenz III., den großen Papst des Hochmittelalters, der ebenfalls aus einer Familie Conti stammte. Sonst hatte Innozenz XIII. sehr wenig mit seinem genialen Vorgänger gemeinsam. Er war bis heute der letzte Nachfolger des hl. Petrus mit dem Namen Innozenz. Im 18. Jahrhundert herrschten dann vor allem die „Benedikte" und „Clemense". Die friedfertige Natur Innozenz' XIII. garantierte ein ruhiges Pontifikat.

Benedikt XIII. 1724–1730

Pietro Francesco Orsini. Geboren: 2. Februar 1649 in Gravina bei Bari. Gewählt: 29. Mai 1724. Gestorben: 21. Februar 1730. Beigesetzt: S. Maria sopra Minerva, Rom.

Der neue Papst wollte sich Benedikt XIV. nennen. Da aber die Römer, die den Schisma-Papst Benedikt XIII. (1394–1423) nicht anerkannten, dagegen protestierten, nahm Francesco Orsini den Namen Benedikt XIII. an. Aus seiner Familie waren bereits zwei mittelalterliche Päpste, Cölestin III. und Nikolaus III., sowie zahlreiche Kardinäle hervorgegangen. Benedikt XIII., Dominikaner und Erzbischof von Benevent, war ein heiligmäßiger Papst, dem aber jegliche politische Erfahrung fehlte. Geradezu verhängnisvoll wirkte sich sein Mangel an Menschenkenntnis aus. Nur so ist es zu erklären, daß er einen so unwürdigen Mann wie Nicola Coscia zum Kardinal ernannte und ihm eine Stellung verlieh, wie sie früher die Papstnepoten innehatten. Coscia mißbrauchte das Vertrauen des Papstes auf schamlose Weise, betrieb mit den zu vergebenden Stellen einen regelrechten Handel und bereicherte sich damit maßlos. Nach dem Tod Benedikts XIII. mußte er die Ewige Stadt fluchtartig verlassen. In Rom erinnert die berühmte Spanische Treppe an Benedikt XIII., die während des Jubeljahres 1725 eingeweiht wurde.

Clemens XII. (1730–1740)

Lorenzo Corsini. Geboren: 7. April 1652 in Florenz. Gewählt: 12. Juli 1730. Gestorben: 6. Februar 1740. Beigesetzt: Lateranbaslika, Rom.

Der Corsini-Papst stammte aus einem Florentiner Adelsgeschlecht, das mit Bischof Andreas Corsini von Fiesole († 1373) der Kirche schon einen Heiligen gegeben hatte. Bereits 1721 und 1724 zählte Lorenzo Corsini zu den „papabiles". Clemens XII. war ein kränklicher Greis, der die meiste Zeit vom Bett aus regieren mußte. Nach seiner völligen Erblindung im Jahre 1732 konnte er ohne fremde Hilfe nicht einmal mehr ein Schriftstück unterzeichnen. Die immer wiederkehrenden schweren Erkrankungen des Papstes ließen oft vermuten, sein Tod stehe unmittelbar bevor, was dann wiederum heimliche Konklaveverhandlungen auslöste. Doch machte die zähe Natur des Papstes solche Praktiken immer wieder zunichte. Obwohl Clemens XII. im Jahre 1733 Firrao zum Staatssekretär ernannte, überließ er die Geschäftsführung doch weitgehend seinem Neffen Neri Corsini, der aber für die Politik wenig Interesse zeigte. So wuchsen die Mißstände in der Verwaltung, stiegen die Schulden, während das Ansehen des Papstes abnahm.

Zunächst versuchte Clemens XII. die im Pontifikat Benedikts XIII. angerichteten Schäden wieder gutzumachen. Gegen den unwürdigen Kardinal Coscia ließ er einen Prozeß führen, der diesen zu zehnjähriger Kerkerhaft in der Engelsburg und zur Herausgabe aller auf unrechte Weise erworbenen Güter verurteilte. Auf kirchenpolitischem Gebiet war Clemens XII. noch mehr als seine Vorgänger den staatskirchlichen Übergriffen der Regierungen ausgesetzt, die sich über die Rechte des Heiligen Stuhles willkürlich hinwegsetzten. 1738 verurteilte er mit der Bulle *In eminenti* die Freimaurerei. Trotz der Finanznot des Kirchenstaates entfaltete Clemens XII. ein großartiges Mäzenatentum. Er ließ den prächtigen Trevibrunnen anlegen. Auf ihn gehen auch die Corsinikapelle und die imposante Fassade der Lateranbasilika sowie das Statuenmuseum auf dem Kapitol zurück.

Benedikt XIV. 1740–1758

Prospero Lambertini. Geboren: 31. März 1675 in Bologna. Gewählt: 17. Juli 1740. Gestorben: 3. Mai 1758. Beigesetzt: St. Peter, Rom.

Nach kurialen Diensten wurde Lambertini 1728 Kardinal und 1731 Erzbischof von Bologna. Er war ohne Zweifel einer der berühmtesten, sympathischsten und gelehrtesten Päpste aller Zeiten, besaß eine ausgeprägte Persönlichkeit, war geistreich und humorvoll, frei von jeder Enge und Eitelkeit, unempfindlich gegenüber Schmeicheleien und Kränkungen. Bei manchem haben seine Redseligkeit, seine Ironie und bisweilen seine derben Witze auch Kritik und Ärgernis aufkommen lassen. Fehl am Platz war das Vertrauen, das er dem französischen Kardinal de Tencin entgegenbrachte. Auch in der Auswahl seiner Mitarbeiter hatte der Papst nicht immer eine glückliche Hand. Verfehlt war schließlich auch sein Verbot der chinesischen Bräuche und malabarischen Riten in Indien.

Dem Staatskirchentum des fürstlichen Absolutismus gegenüber ließ er sich von einer Politik der Mäßigung leiten. 1741 schloß er ein Konkordat mit Karl Emmanuel III. von Sardinien, das die gespannten Beziehungen normalisierte. Das im selben Jahr mit Neapel abgeschlossene Abkommen schränkte die kirchliche Immunität ein. Nach langen Verhandlungen kam es im Jahre 1753 zum Abschluß eines Konkordates mit Spanien, das dem König das Besetzungsrecht fast aller Pfründen überließ. In Österreich anerkannte er das Erbrecht Maria Theresias und ab 1745 ihren Gemahl, Franz I., als Kaiser. In Preußen akzeptierte er Friedrich II. als König.

Auch im innerkirchlichen Bereich war sein Pontifikat fruchtbar. Er bemühte sich um eine Reform der Kurie, des Finanzwesens und des Breviers, bestätigte die Ordensgemeinschaft der Passionisten und der Redemptoristen und schränkte die große Zahl der Feiertage ein. Im Einvernehmen mit Maria Theresia hob er das Patriarchat von Aquileja auf und errichtete die Erzbistümer Udine und Görz. Rom machte er zum Zentrum gelehrter Studien und gründete vier wissenschaftliche Akademien. Er war auch ein großer Förderer der Kunst. In seinem Auftrag erhielt die Basilika S. Maria Maggiore die heutige Fassade und das Kolosseum schützte er vor weiterem Raubbau. Benedikt war auch ein glänzender Kanonist. Durch seine Werke über die Heiligsprechung und die Diözesansynode wurde er zum Begründer der kirchlichen Rechtsgeschichte.

Die Geschichtsschreibung hat Benedikt XIV. allgemein sehr positiv beurteilt. Leopold von Ranke war voll des Lobes über das päpstliche Streben nach friedlicher Koexistenz von Kirche und Staat und der englische Historiker Thomas Macaulay († 1859) nannte Benedikt XIV. sogar den besten und weisesten unter den zweihundertfünfzig Nachfolgern Petri.

Clemens XIII. 1758–1769

Carlo della Torre Rezzonico. Geboren: 7. März 1693 in Venedig. Gewählt: 6. Juli 1758. Gestorben: 2. Februar 1769. Beigesetzt: St. Peter, Rom.

Clemens XIII. hatte an der Universität Padua studiert, machte die kuriale Ämterlaufbahn, wurde 1737 Kardinal und 1743 Bischof von Padua. Der neue Papst war voller Liebenswürdigkeit und Güte, aber auch ängstlich und unentschlossen. In dieses Pontifikat fielen die Anfänge des Josephinismus. In schroffem Kontrast zum Geist der Aufklärung gestattete er 1765 die liturgische Feier des Herz-Jesu-Festes. Indiziert wurden Nikolaus von Hontheim, Jean le Rond d'Alembert, Denis Diderot und Jean-Jacques Rousseau. Da die Finanzen immer knapper wurden, ist es verständlich, daß das großzügige Mäzenatentum der Päpste mehr und mehr nachließ.

An größeren Bauten unter Clemens XIII. ist nur die Fertigstellung des Trevi-Brunnens und der Villa Albani zu verzeichnen. Gefördert wurden Raphael Mengs, Johann Joachim Winkelmann und Giovanni Battista Piranesi. Das ganze Pontifikat Clemens' XIII. war von der Jesuitenfrage überschattet. Die Feindschaft gegen den Jesuitenorden resultierte hauptsächlich aus der romfeindlichen Einstellung der Aufklärung, des Staatskirchentums, des Gallikanismus und des Jansenismus. Anderseits gaben aber auch das arrogante Auftreten des Ordens selbst, sein großer Einfluß auf das politische Geschehen, seine Stellungnahmen zu theologischen Fragen und sein Bildungsmonopol Anlaß zu Klagen. Trotzdem versuchte Clemens XIII. die Unterdrückung des Ordens zu verhindern. So veröffentlichte er zu dessen Verteidigung 1765 die Bulle *Apostolicam pascendi munus*. Bereits 1759 ist der Orden in Portugal, 1764 in Frankreich, 1767 in Spanien und im Königreich Neapel und Sizilien sowie 1768 in Parma und Piacenza aufgehoben worden. Als die Hetzkampagne gegen den Jesuitenorden in Frankreich begann, nahmen die meisten französischen Bischöfe die Jesuiten in Schutz. Der König selbst suchte den Orden zu retten, indem er die Errichtung eines französischen Generalvikariats forderte, wobei es allerdings zu einer Spaltung der Gesellschaft Jesu gekommen wäre. In diesem Zusammenhang soll Clemens XIII. zum Ordensgeneral Lorenzo Ricci gesagt haben: „Aut sint ut sunt, aut non sint – Entweder sollen sie sein, wie sie sind oder sie sollen nicht sein".

Clemens XIV. 1769–1774

Antonio Ganganelli. Geboren: 31. Oktober 1705 in Sant'Arcangelo bei Rimini. Gewählt: 19. Mai 1769. Gestorben: 22. September 1774. Beigesetzt: SS. Apostoli, Rom.

Ganganelli ist 1723 in den Orden der Franziskanerkonventualen eingetreten und wurde 1759 Kardinal. Er galt früher als Freund der Jesuiten, distanzierte sich aber als Kardinal immer mehr von ihnen und nahm sogar Kontakte mit den Gesandten der Bourbonenhöfe auf. Der Vorwurf der Berechnung, den vor allem der bekannte Papsthistoriker Ludwig von Pastor († 1928) gegen ihn erhob, scheint nicht ganz unberechtigt zu sein.

Ansonsten war Clemens XIV. mild und liebenswürdig, aber auch unsicher und schwankend sowie übermütig und ehrgeizig. Furcht und Schrecken löste seine Wahl bei den Jesuiten aus. Unter dem Druck der Bourbonenhöfe hob Clemens XIV. 1773 mit dem Breve *Dominus ac Redemptor* den Jesuitenorden auf. Dadurch wurde die ganze Ohnmacht des Papsttums im 18. Jahrhundert offenbar. Clemens XIV. hat die Aufhebung des Ordens nur um ein gutes halbes Jahr überlebt. All die Aufregungen dieser Maßnahme haben seinen Gesundheitszustand untergraben. Als er am 21. September 1774 starb, verbreitete sich sofort das Gerücht einer Vergiftung durch die Jesuiten. Dies war aber eine haltlose Verleumdung. Im Kirchenstaat ging man gegen die Ordensmitglieder besonders brutal vor. Der Ordensgeneral Lorenzo Ricci, der ein Mann von tadellosem Charakter war, wurde in Haft genommen und bis zu seinem Tode 1775 in die Engelsburg gesperrt. Vor allem diese unwürdige Aufhebung des Jesuitenordens zählt zu den traurigsten Kapiteln der Papst- und Kirchengeschichte. Interessanterweise hat kein Papst mehr den Namen Clemens gewählt.

Pius VI. 1775–1799

Giovanni Angelo Braschi. Geboren: 25. Dezember 1717 in Cesena. Gewählt: 15. Februar 1775. Gestorben: 29. August 1799 in Valence. Beigesetzt: St. Peter, Rom.

Nach seinem Studium in Ferrara und der üblichen Ämterlaufbahn wurde Braschi 1773 Kardinal. Sein Pontifikat zählt zu den längsten und schwierigsten der Papstgeschichte. Pius VI. war mondän und stolz auf sein stattliches Aussehen. Goethe, der ihn 1776 in Rom sah, erschien er als „die schönste und würdigste Männergestalt“. Der Papst war aber auch fromm und rechtschaffen und zeigte besonders in der Stunde der Heimsuchung großen Mut. Leider feierte unter ihm das alte Übel des Nepotismus wieder fröhliche Urständ. Für die Hochzeit seines Neffen baute er den riesigen Palazzo Braschi an der Piazza Navona.

Bedeutende Summen gab der Papst für die Verschönerung Roms aus. Er erbaute die Sakristei von St. Peter und stellte die Obelisken vor dem Quirinalpalast, vor Trinità dei Monti und auf der Piazza Montecitorio auf. Rom wurde in dieser Zeit noch einmal Zentrum für Künstler und Gelehrte.

Wichtig im Pontifikat Pius’ VI. wurde der Konflikt mit dem Josephinismus in Österreich. Kaiser Joseph II. nahm eigenmächtig Reformen vor. Im Jahre 1781 erließ er das Toleranzpatent und ein Jahr später verfügte er die Aufhebung der beschaulichen Orden. Das Vorgehen des Kaisers ließ Pius VI. eine wahre Verzweiflungstat vollbringen und Ende Februar 1782 nach Wien reisen, um Joseph II. in seinem Reformeifer zu stoppen. Trotz mehrerer Unterredungen mit dem Kaiser gelang es ihm nicht ihn umzustimmen. Ein Trost für den Papst waren die herzlichen Kundgebungen des Volkes, die ihm überall auf der Reise zuteil wurden. 1794 verurteilte er die radikalen Reformbeschlüsse der Synode von Pistoia.

Die größte Demütigung seines Pontifikats erlitt Pius VI. durch die Französische Revolution. Im Jahre 1797 spitzte sich die Lage zu, als in Rom der französische General Duphot erschossen wurde. Das Pariser Direktorium ließ am 15. Februar 1798 Rom besetzen und die Republik ausrufen. Der Papst wurde festgenommen und nach Frankreich gebracht. Vergebens hatte der 80jährige gebeten, in Rom sterben zu dürfen.

„Sterben können Sie überall", antwortete ihm der französische Offizier. Als Pius VI. 1799 in Valence, wo man ihn Bürger Papst nannte, der Tod ereilte, glaubten viele, daß das Ende des Papsttums gekommen sei. Man nannte den Braschi-Papst Pius den Sechsten und Letzten.

Papst Pius VI. erteilt am Ostersonntag 1782 von der Balustrade der Wiener Kirche »Von den neun Chören der Engeln« (Kirche Am Hof) den Segen Urbi et Orbi.

Die Päpste von der Französischen Revolution bis zum Ersten Weltkrieg

Von Pius VII. bis Pius X.
Von 1800 bis 1914

Pius VII. 1800–1823

Luigi Barnaba Chiaramonti. Geboren: 14. August 1742 in Cesena. Gewählt: 14. März 1800. Gestorben: 20. August 1823. Beigesetzt: St. Peter, Rom.

Chiaramonti wurde Benediktiner und 1785 Bischof von Imola und Kardinal. Er war ein aufgeschlossener und reformfreudiger Bischof, der in seiner Bibliothek sogar die Enzyklopädie von d'Alembert besaß. Im Jahre 1797 erregte er mit einer Homilie Aufsehen, als er sagte: „Werdet ganze Christen, dann werdet ihr auch gute Demokraten." Noch vor seinem Tode hatte Pius VI. Richtlinien für das nächste Konklave erlassen, da er ahnte, daß es unter ganz außerordentlichen Umständen stattfinden würde. Nach diesen Weisungen versammelten sich die Kardinäle in Venedig unter dem Schutz von Kaiser Franz II.

Das Pontifikat Pius VII. war beherrscht von der Auseinandersetzung mit Napoleon. Aus Nützlichkeitserwägungen näherte sich dieser immer mehr der Kirche. Pius VII. erkannte die Chance und nahm mit ihm Verhandlungen auf. Im Jahre 1801 kam es zu einem Konkordat, das die Nominierung der Bischöfe dem Ersten Konsul und deren Bestätigung dem Papst zuerkannte. Alle alten Bischöfe, sowohl die konstitutionellen als auch die antikonstitutionellen, mußten zurücktreten oder wurden abgesetzt. Das war ein Gewaltakt, wie ihn die Geschichte noch nie erlebt hatte. Gar manche sahen nun in Napoleon einen neuen Konstantin. Selbst Pius VII. eilte 1804 zu dessen Krönung nach Paris, wo sich Napoleon die Krone allerdings selbst aufs Haupt setzte.

In der Folge verlangte Napoleon vom Papst den Beitritt zur antienglischen Liga. Als der Papst ablehnte, ließ er im Februar 1808 Rom besetzen und vereinigte den Kirchenstaat mit Frankreich. Pius VII. exkommunizierte 1809 „die Räuber des Patrimoniums Petri" ohne Napoleon zu nennen, worauf der

Kaiser den „tollgewordenen Narren“ nach Savona und dann nach Frankreich bringen ließ. Im Jahre 1811 berief Napoleon ein Nationalkonzil nach Paris, das eine Bestätigung der Bischöfe durch die Metropoliten beschließen sollte. Aber die Oberhirten weigerten sich, einen solchen Beschluß ohne den Papst zu fassen. Nach der Rückkehr aus Rußland traf Napoleon mit Pius VII. 1813 in Fontainebleau zusammen und zwang ihn zur Unterzeichnung eines Konkordates, das seinen Wünschen weitgehend entgegenkam. Aber bald wurde der Papst von großer Angst befallen und nahm seine Zugeständnisse zurück. Nach der Niederlage Napoleons bei Leipzig konnte Pius VII. 1814 wieder in die Ewige Stadt zurück.

Der Wiener Kongreß führte 1815 zur Wiederherstellung des Kirchenstaates, dessen Leitung Pius VII. seinem getreuen, aufgeschlossenen und genialen Staatssekretär Consalvi überließ. Der Ruf nach der Einigung Italiens ließ sich aber nicht mehr zurückdrängen und so kam es immer wieder zu Aufständen. An eine Restauration der Reichskirche und an die Rückgabe der 1803 säkularisierten Kirchengüter war nicht mehr zu denken. So wurden Verhandlungen zur Neuordnung der deutschen Kirche mit den einzelnen Regierungen notwendig.

Pius VII. widmete sich auch der Verschönerung Roms. An ihn erinnern der Braccio Nuovo im Vatikan und die Neugestaltung der Piazza del Popolo. Vier Tage vor seinem Tod brannte die Basilika S. Paolo fuori le Mura ab. Die Tatsache, daß Pius VII. den Mut besessen hatte, Napoleon die Stirn zu bieten, brachte ihm großes Prestige ein. 1819 verfaßte der französische Philosoph Joseph Marie De Maistre ein Buch mit dem Titel *Du Pape – Vom Papst*, in dem er einen unfehlbaren Papst für eine aus den Fugen geratene Welt forderte.

Leo XII. 1823–1829

Annibale della Genga. Geboren: 22. August 1760 auf Schloß Genga bei Spoleto. Gewählt: 28. September 1823. Gestorben: 10. Februar 1829. Beigesetzt: St. Peter, Rom.

Della Genga war Nuntius in Köln und Paris, seit 1816 Kardinal und seit 1820 Kardinalvikar von Rom. Obwohl Leo XII. von einem rigorosen Reformgeist erfüllt war, besaß er doch nicht das Format, das die Zeiten erforderten. Seine ersten Maßnahmen schienen dem römischen Sprichwort recht zu geben, die Regel eines jeden Papstes sei jene, sich um die seines Vorgängers nicht zu kümmern.

Um den Bruch mit Pius VII. besonders hervorzuheben, verlegte Leo XII. die Residenz vom Quirinal, wo er übrigens gewählt wurde, in den Vatikan und entließ den genialen Kardinalstaatssekretär Consalvi. 1825 ließ Leo XII. das Heilige Jahr besonders feierlich begehen. Nach d'Azeglio hieß das, Rom für 12 Monate in ein Etablissement für geistliche Exerzitien zu verwandeln. Aus Furcht vor Revolutionären, die die Einheit Italiens herbeiführen wollten, ließ Leo XII. jeden Rompilger nach feindlichen Schriften und unerlaubten Waffen durchsuchen. Hart ging der Papst gegen den Geheimbund der Carbonari vor.

Mit drakonischer Strenge begann er auch, die Stadt Rom moralisch zu sanieren. Der Kardinalvikar sollte die Gläubigen, die ihrer Osterpflicht nicht nachkamen, mit Gefängnis bestrafen. Was aber den Unmut der Bürger am meisten erregte, war das berüchtigte Gesetz der Cancelletti, das den Wirten verbot, in ihren Schenken Wein zu verkaufen. Da die Basilika von St. Paul vor den Mauern abgebrannt war, beschloß Leo XII. den sofortigen Wiederaufbau. In der Außenpolitik setzte er die Linie seines Vorgängers fort. 1824 erließ er die Zirkumskriptionsbullen für das Königreich Hannover und 1827 jene für die oberrheinische Provinz. Auch das Kirchenwesen in Lateinamerika wurde damals neu geordnet, nachdem sich der Kontinent von Spanien und Portugal getrennt hatte.

Pius VIII. 1829–1830

Francesco Saverio Castiglioni. Geboren: 20. November 1761 in Cingoli bei Ancona. Gewählt: 31. März 1829. Gestorben: 30. November 1830. Beigesetzt: St. Peter, Rom.

Castiglioni war Bischof von Montalto, Cesena und Frascati, seit 1816 Kardinal und seit 1822 Präfekt der Indexkongregation. Schon beim Konklave von 1823 galt er als „papabilis". Jetzt hinderte ihn seine Krankheit daran, sich so einzusetzen, wie die schwierigen Zeiten es erforderten. Pius VIII. war bei aller Prinzipientreue im Gegensatz zu seinem Vorgänger ein

Mann von Weitblick. Trotz eines versöhnlichen Geistes vermochte er nicht, die ständig zunehmenden Agitationen der Geheimbünde im Kirchenstaat, die die Einigung Italiens erreichen wollten, einzudämmen. In der Kirchenpolitik war Pius VIII. ganz von seinem Österreich ergebenen Staatssekretär Giuseppe Albani abhängig, der aber, nach einem Wort Stendhals, trotz seiner 80 Jahre dreimal mehr Geist und Tatkraft besaß als sein Vorgänger Tommaso Bernetti. Der Papst widmete sich vornehmlich religiösen Aufgaben und entwickelte trotz seiner Gebrechen eine erstaunliche Tätigkeit. Dennoch sagten die Römer von ihm: „Egli è un buon vecchio, egli dorme sempre e tutto sta in pace – Er ist ein guter Greis, er schläft immer, und alles hat seine Ruhe."

Gregor XVI. 1831–1846

Bartolomeo Alberto Cappellari. Geboren: 18. September 1765 in Belluno. Gewählt: 2. Februar 1831. Gestorben: 1. Juni 1846. Beigesetzt: St. Peter, Rom.

Cappellari war 1783 in den Kamaldulenserorden eingetreten und hatte 1799, als das Papsttum seine größte Demütigung erlitt, ein Buch mit dem Titel *Über den Triumph des Heiligen Stuhles und der Kirche über die Angriffe der Neuerer* geschrieben. Dieses Werk übte großen Einfluß auf die Entwicklung des Ultramontanismus aus, einer Strömung, die für eine enge Verbindung mit dem Papsttum kämpfte. 1826 wurde Cappellari Kardinal sowie Präfekt der Propaganda Fide. Dieser an sich gelehrte Papst war völlig der Tradition verhaftet und hegte größtes Mißtrauen gegenüber den liberalen Aspirationen der Zeit.

Rom hat er nur selten und Italien nie verlassen. Er sprach auch keine Fremdsprachen und von der Politik verstand er wenig. Ansonsten war er liebenswürdig, fromm und anspruchslos. Auch sein Äußeres war nicht gerade anziehend. Das auffallendste Merkmal seiner Gestalt war die große und rot gefärbte Nase, die beim Volk den Verdacht aufkommen ließ, er habe eine Schwäche für gute Weine. In Wirklichkeit war sie aber die Folge übermäßigen Tabakschnupfens, das schließlich zu einer Entzündung führte. Gleich zu Anfang wurde sein Pontifikat durch Aufstände in Bologna, in Umbrien und in den Marken belastet. Er mußte die österreichischen Truppen zu Hilfe rufen, die in wenigen Tagen die Rebellion niederschlugen. Frankreich versammelte im April 1831 die Vertreter der Großmächte zu einer Konferenz in Rom. Diese legte dem Papst ein Memorandum mit Reformvorschlägen für den Kirchenstaat vor.

Im Juli 1831 brachen in der Romagna Unruhen aus. Wieder marschierten die Österreicher in den Kirchenstaat ein und besetzten Bologna. Darauf besetzten die Franzosen Ancona. Als Bernetti 1836 auf Betreiben Metternichs sein Amt als Staatssekretär niederlegte, trat an seine Stelle der noch reaktionärere Luigi Lambruschini, der durch harte Repressionen versuchte, der Lage Herr zu werden. Er verbot alles, was man irgendwie als Fortschritt ansehen konnte. Selbst Eisenbahnen, Kettenbrücken und Gasbeleuchtungen wurden verpönt.

Da Gregor XVI. von seiner päpstlichen Vollgewalt zutiefst überzeugt war, zeigte er auch in der Leitung der Weltkirche keine Zaghaftigkeit. So verurteilte er mit dem Rundschreiben *Mirari vos* 1832 die Ansichten Lamennais, der seit 1829 die Trennung von Kirche und Staat, Presse- und Gewissensfreiheit forderte. In dem Schreiben nannte der Papst die Gewissensfreiheit einen Wahnwitz. Äußerst peinlich war 1831 die päpstliche Verurteilung des Polenaufstandes. Mit Preußen kam es über die Mischehenfrage zu einem schweren Konflikt. Gegen die Inhaftierung des Kölner Erzbischofs Clemens August von Droste Vischering 1837 erhob der Papst scharfen Protest.

Verdienste hat sich Gregor XVI. jedoch auf dem Gebiete der Missionen erworben. In Afrika, in Vorder- und Hinterindien, in China, in Korea und in der Südsee wurden insgesamt 70 Bistümer und Apostolische Vikariate errichtet. Er hatte auch ein waches Auge für die Kunst. In den vatikanischen Sammlungen erinnern das etruskische und das ägyptische Museum an ihn. Als Gregor XVI. starb, hinterließ er seinem Nachfolger ein schweres Erbe.

Pius IX. 1846–1878

Giovanni Maria Mastai-Ferretti. Geboren: 13. Mai 1792 in Senigallia. Gewählt: 16. Juni 1846. Gestorben: 7. Februar 1878. Beigesetzt: San Lorenzo fuori le Mura, Rom. Selig: 2000. Fest: 7. Februar

Das Elternhaus von Mastai-Ferretti war katholisch liberal. Selbst Gregor XVI. sagte einmal: „Im Hause Mastai sind selbst die Katzen liberal." Die Ehe der Schwester Isabella scheiterte, und drei seiner Brüder nahmen 1831 am Aufstand im Kirchenstaat teil. Giovanni Mastai studierte im Piaristenkolleg zu Volterra, das ihn wegen seiner epileptischen Anfälle entließ. Von 1823 bis 1825 nahm er an einer päpstlichen Gesandtschaft in Südamerika teil. 1827 wurde er Erzbischof von Spoleto und 1832 Bischof von Imola. Seit 1840 war er Kardinal. Pius IX. war von einer überstarken Erregbarkeit. Nachteilig war auch seine oberflächliche und rudimentäre Ausbildung, wie sie damals bei den meisten Priestern Italiens anzutreffen war. Vor allem war der Papst nicht imstande, die Vielschichtigkeit der verschiedenen Probleme zu sehen.

Pius IX. hatte aber auch viele Vorzüge. Vor allem besaß er eine stattliche, ja beeindruckende Erscheinung, Witz, Phantasie sowie ein tiefes religiöses Empfinden. Die ersten Entscheidungen Pius' IX. schienen seine angeblich liberale Gesinnung zu bestätigen. Schon glaubte man, daß es endlich zu einer Allianz zwischen Religion und Freiheit kommen würde. Überall hörte man den Ruf „Evviva Pio nono".

Im Jahre 1848 brachen in Europa überall Revolutionen aus. Karl Albert von Piemont schritt zum „heiligen Krieg" gegen Österreich, Rom hallte vor Begeisterung wider. Schon zogen die päpstlichen Truppen mit dem Segen des Papstes in Richtung Norden. Nun mußte sich der Papst für den italienischen Patriotismus oder für die übernatürliche Mission der Kirche entscheiden. In der berühmten Ansprache vom 29. April 1848 entschied er sich allerdings schweren Herzens für seine religiöse Aufgabe und rief die Truppen zurück. Mit Windeseile trat nun an die Stelle des liberalen Papstbildes das des Verräters. Der im September 1848 neu eingesetzte Ministerpräsident Pellegrino Rossi wurde im November 1848 ermordet und Pius IX. flüchtete am 24. November 1848 vor den Aufständischen nach Gaëta. Am 30. Juni 1849 wurde Rom von den Franzosen erobert und am 12. April 1850 konnte der Papst wieder in die Ewige Stadt zurückkehren.

Aufgrund dieser Erfahrungen schlug Pius IX. nun einen schroffen, antiliberalen Kurs ein. Im Jahre 1867 gelang es den päpstlichen und französischen Truppen noch, den italienischen Unabhängigskeitshelden Garibaldi bei Mentana zu schlagen. Der Ausbruch des Deutsch-Französischen Krieges ermutigte jedoch die Piemontesen, am 20. September 1870 Rom zu besetzen und dem Kirchenstaat für immer ein Ende zu bereiten. Im Juni 1871 wurde Rom zur Hauptstadt Italiens proklamiert und der Quirinal Sitz des italienischen Königs. Mit dem Garantiegesetz von 1871 anerkannte Italien die Unverletzlichkeit des Papstes, gewährte ihm eine Jahresrente und überließ ihm den Vatikan. Pius IX. wies aber das Angebot zurück, verließ sich auf den Peterspfennig und betrachtete sich als Gefangenen m Vatikan.

Innerkirchlich war die Regierungszeit Pius' IX. nicht weniger dramatisch. Am 8. Dezember 1854 erklärte der Papst, daß Maria vom ersten Augenblick ihrer Empfängnis an von der Erbsünde befreit geblieben sei. Zehn Jahre später veröffentlichte er die Enzyklika *Quanta cura* und den *Syllabus*, womit er die Irrtümer der Zeit, vor allem den Liberalismus verurteilte. Dieses Dokument galt als Kriegserklärung des Papstes an die moderne Zivilisation. Das wichtigste Ereignis im Pontifikat Pius' IX. war jedoch das Erste Vatikanische Konzil 1869–1870, das mit der Konstitution *Pastor aeternus* den Jurisdiktionsprimat und die Unfehlbarkeit des Papstes definierte. Das heißt, daß der Papst die höchste und universale Gewalt über die ganze Kirche besitzt und daß er unfehlbar ist, wenn er eine definitive Kathedralentscheidung in Glaubens- und Sittensachen trifft. Dem Kardinal Guidi, der das Charisma der Unfehlbarkeit an die kirchliche Tradition binden wollte, hatte der Papst am 18. Juni 1870 die Antwort gegeben: „Die Tradition bin ich".

Eine Folge des Ersten Vatikanischen Konzils war die Aufkündigung des Konkordates durch Österreich und der Kulturkampf in Deutschland. Pius IX. zeigte großes Kunstinteresse. An ihn erinnert die Erneuerung der Basilika S. Maria in Trastevere, das Denkmal der Unbefleckten Empfängnis auf der südlichen Seite der Piazza di Spagna und vor allem die Fertigstellung der Basilika von St. Paul vor den Mauern. Pius IX. war der erste Papst, der länger als der hl. Petrus regiert hat. Da man dies seit den Tagen des Petrus Damiani für unmöglich hielt, hat man in St. Peter eine Gedenktafel angebracht, die an dieses Faktum erinnert. Mit dem Tod Pius' IX. ging nicht nur das längste, sondern auch das dramatischeste Pontifikat der Papstgeschichte zu Ende.

Leo XIII. 1878–1903

Vincenzo Gioacchino Pecci. Geboren: 2. August 1810 in Carpineto Romano bei Anagni. Gewählt: 20. Februar 1878. Gestorben: 20. Juli 1903. Beigesetzt: Lateranbasilika, Rom.

Seine Studien absolvierte Gioacchino Pecci am römischen Kolleg und an der Accademia dei Nobili. Von 1843 bis 1846 war er Nuntius in Brüssel. Anschließend wurde er Bischof von Perugia, 1853 Kardinal und 1877 Camerlengo. Leo XIII. war eine Führernatur mit klarem Blick, Selbstbeherrschung und Sinn für das Mögliche, aber auch mit einer gewissen Nüchternheit. Er war fein gebildet und besaß durchaus auch Charme und Witz.

Die Regierung Leos XIII. brachte eine Wende, da er in der Versöhnung der Kirche mit der modernen Welt das Ziel seines Pontifikats sah. Leo war aber weit davon entfernt, auf die weltliche Herrschaft zu verzichten. Dennoch glaubte er zwischen 1886 und 1890 an eine Möglichkeit zu einer Versöhnung mit seinem Vaterland. Die Verhandlungen mit dem italienischen Regierungschef Crispi führten aber zu keinem Ergebnis. Die provozierende Enthüllung des Giordano-Bruno-Denkmals am Campo dei Fiori im Jahre 1889 verschlechterte die Beziehungen.

Dreimal erwog Leo XIII. sogar, Rom zu verlassen und sich in Österreich niederzulassen, wobei er vor allem an Trient und an Salzburg dachte. Auch gegenüber Frankreich war die Politik Leos XIII. wenig erfolgreich, obwohl er für dieses Land eine besondere Vorliebe hatte. Mit Österreich waren die Beziehungen teilweise gespannt, da der Papst und sein Staatssekretär Rampolla die Christlichsozialen unterstützten. Mehr Erfolg war Leo XIII. in Deutschland beschieden, wo es 1887 zur Beendigung des leidigen Kulturkampfes kam. Bei seinem goldenen Priesterjubiläum 1888 trug der Papst eine Mitra, die ihm Kaiser Wilhelm I. geschenkt hatte.

Auch innerkirchlich ist die Bilanz dieses Pontifikats positiv. Die von vielen befürchtete Dogmenhäufung nach dem Ersten

Vatikanischen Konzil ist zum Glück ausgeblieben. Epochemachend war die Enzyklika *Rerum novarum* von 1891, die sich für die Rechte der Arbeiter einsetzte und zur Grundlage der katholischen Soziallehre wurde. Leo XIII. wollte vor allem durch die Erneuerung der Lehre des hl. Thomas eine große Einheit des kirchlichen Denkens und Glaubens herstellen.

Er förderte auch die Verehrung des göttlichen Herzens Jesu. Gegen Ende seines Pontifikats machten sich reaktionäre Tendenzen immer mehr bemerkbar. Schon 1887 wurden 40 Sätze des längst verstorbenen Priesterphilosophen Antonio Rosmini verurteilt. Im Jahre 1889 wurden die Werke von Hermann Schell indiziert und im Jahre 1899 der sogenannte Amerikanismus verboten, der angeblich Lehre und Disziplin der Kirche den amerikanischen Verhältnissen anzupassen trachtete. Im Jahre 1902 ging die römische Kurie gegen den christlich-demokratischen Priester Romolo Murri vor.

Im ökumenischen Bereich brachte Leo XIII. in der Beziehung zur Ostkirche eine Wende. Er sprach nicht mehr von Schismatikern und Häretikern, sondern von getrennten Brüdern. Kein Entgegenkommen zeigte der Papst aber gegenüber den Anglikanern, deren Weihen er 1896 für ungültig erklärte. Ein lebhaftes Interesse zeigte Leo XIII. für die Wissenschaft. Dies bewies er mit der Aufnahme großer Gelehrter wie Hergenröther und Newman in das Kardinalskollegium. Einen unschätzbaren Dienst leistete er der historischen Forschung, als er 1881 das Vatikanische Archiv für Gelehrte aller Konfessionen öffnete und eine große Nachschlagebibliothek errichtete. Leo war wohl der bedeutendste Papst des 19. Jahrhunderts.

Pius X. 1903–1914

Giuseppe Melchiore Sarto. Geboren: 2. Juni 1835 in Riese bei Treviso. Gewählt: 4. August 1903. Gestorben: 20. August 1914. Beigesetzt: St. Peter, Rom. Heilig: 1954. Fest: 21. August.

Giuseppe Sarto entstammte einer einfachen Familie, absolvierte seine Studien in Padua und wirkte dann als Kaplan, Pfarrer, Domherr und Generalvikar in seiner Heimatdiözese Treviso. 1884 wurde er Bischof von Mantua, einer heruntergekommenen Diözese, die er wieder zur Blüte brachte. 1893 wurde er Kardinal und Patriarch von Venedig, wo er sich für alles, was dem religiösen Leben förderlich war, unermüdlich einsetzte. Im Konklave von 1903 spielten noch politische Rücksichten eine wichtige Rolle. So legte Österreich gegen den ihm nicht genehmen Kardinal Mariano Rampolla das Veto ein, der ohnehin keine Chancen mehr hatte. Nach den Piuspäpsten des vorigen Jahrhunderts, die mutig gegen die Zeitirrtümer gekämpft hatten, nannte sich Sarto Pius X., womit er deutlich zu erkennen gab, welchen Kurs er einzuschlagen gedachte.

Pius X. zeichnete sich durch seine Liebenswürdigkeit und Güte aus. Wo es aber um die Rechte der Kirche ging, kannte er keinen Pardon. Da wich seine sprichwörtliche Milde einer unerbittlichen Strenge. Das Fehlen einer Universitätsbildung war bei ihm ohne Zweifel ein Mangel. Kritisches Denken fiel ihm daher nicht immer leicht. Doch besaß er eine hohe Intelligenz. Bemerkenswert waren vor allem seine sittlichen Tugenden, die an Heroismus grenzten.

Unter den Mitarbeitern des Papstes ist die einflußreiche Trias Vieves y Tutò, De Lai und Merry del Val zu nennen. Vives y Tutò war ein strebsamer Kapuziner, seit 1899 Kardinal und von 1908 bis 1912 Präfekt der Ordenskongregation. Römische Kreise nannten ihn „Vives fa tutto". De Lai kontrollierte als Präfekt der Konsistorialkongregation die Bischofsernennungen und Kardinal Merry del Val wurde schon mit 37 Jahren Staatssekretär. Wenn Leo XIII. durch Geduld und Anpassungsfähigkeit Brände zu löschen trachtete, goß Pius X. noch Öl ins Feuer. In Frankreich kam es zu einer radikalen Trennung von Kirche und Staat. Spanien folgte diesem Beispiel 1910 und Portugal 1911. Eine heikle Lage schuf der Papst in Italien, als er 1904 die Opera dei Congressi, die die katholischen Vereine in Italien zusammenschloß, aufhob. Romolo Murri, der die Errichtung einer christlichen Partei anstrebte, wurde 1909 exkommuniziert.
In Deutschland erregte der Papst beträchtlichen Unwillen mit der Enzyklika *Editae saepe* von 1910, in der er die Reformatoren als „Feinde des Kreuzes Christi, Menschen mit irdischer Gesinnung, deren Gott der Bauch ist", bezeichnete.

Pius X. ist als großer Antimodernistenpapst in die Geschichte eingegangen. Der Modernismus wollte den Katholizismus mit der modernen Kultur versöhnen, indem er vor allem in der Dogmatik und Bibelexegese die historische Methode anwandte. Hauptvertreter dieser Richtung waren in Frankreich Alfred Loisy, in England George Tyrell und in Italien Ernesto Buonaiuti. Pius X. ging gegen die Modernisten mit unnachsichtiger Strenge vor. Mit dem Dekret *Lamentabile* vom 3. Juli 1907 verurteilte er 65 exegetische und dogmatische Thesen, die zumeist den Schriften von Loisy entnommen waren. Mit der Enzyklika *Pascendi* vom 8. September 1907 verurteilte er die gesamte modernistische Bewegung als ein „Sammelbecken aller Häresien". Im September 1910 schrieb er allen Geistlichen die Ablegung eines Antimodernisteneides vor.

Mit Wissen des Papstes baute Msgr. Umberto Benigni eine Art integralistische Gegenbewegung, das Sodalitium Pianum, auf, die mit Denunziation, Spionage und Intrigen den Modernismus ausrotten wollte. Gegen diese regelrechte Hexenjagd kam es am Ende des Pontifikats zu einem massiven Widerstand. Die bleibenden Verdienste Pius X. aber sind die innerkirchlichen Reformen. Er begann mit der Reform der Kirchenmusik. Dann nahm er sich ganz besonders der Erneuerung der Diözesanseminare in Italien an. Mit der Konstitution *Sapienti consilio* von 1908 wurde die längst fällige Reform der Kurie durchgeführt. Besondere Berühmtheit erlangte der Papst durch das Dekret vom Dezember 1905, das den täglichen Kommunionempfang empfahl, und durch das Dekret vom August 1910, das die Kinderkommunion erlaubte. Trotz der zu verurteilenden Methoden im Kampf gegen den Modernismus gehört Pius X. zu den großen Reformpäpsten der Geschichte.

Die Päpste vom Ersten Weltkrieg bis zur Gegenwart

Von Benedikt XV. bis Benedikt XVI.
Ab 1914

Benedikt XV. 1914–1922

Giacomo della Chiesa. Geboren: 21. November 1854 in Genua. Gewählt: 3. September 1914. Gestorben: 22. Januar 1922. Beigesetzt: St. Peter, Rom.

Giacomo della Chiesa hatte in Genua seine Jurastudien absolviert. Als Schützling Rampollas kam er an die spanische Nuntiatur. Als Rampolla 1887 Staatssekretär wurde, war Della Chiesa sein engster Mitarbeiter. Der neue Geist, der unter Pius X. zu wehen begann, war mit der Präsenz Della Chiesas im Vatikan, dessen Ansichten stark von denen Pius' X. abwichen, nicht mehr vereinbar. Daher wurde er 1907 zum Erzbischof von Bologna ernannt. Obwohl Bologna Kardinalssitz war, mußte Della Chiesa bis 1914 auf den roten Hut warten. Della Chiesa war klein von Statur und etwas verwachsen, er besaß jedoch einen wachen und vor allem aufgeschlossenen Geist. Der spätere Kardinal Domenico Tardini schrieb, daß Benedikt XV. „klein von Gestalt war, aber überragend an Geist und Herz". Daß der Papst 1914 Pietro Gasparri zum Staatssekretär ernannte, bestätigte, daß er der Linie Leos XIII. treu geblieben ist.

Schon mit seinen ersten Äußerungen wandte sich Benedikt XV. gegen die Ketzerriecherei und Hexenjagd, die mit der Modernistenbekämpfung unter Pius X. erfolgt war. Der berüchtigte Msgr. Benigni, das Haupt der Integralisten, mußte Rom verlassen. Im Ersten Weltkrieg, der an Schrecken und Leid alle vorangegangenen Konflikte in den Schatten stellte, verhielt sich der Papst strikt neutral. Dies hinderte ihn aber nicht, sich mit Friedensappellen an die kriegführenden Nationen zu wenden. Mit der berühmten Friedensnote vom 1. August 1917 unterbreitete er ganz konkrete Vorschläge, wie man zu einem dauerhaften Frieden gelangen könnte. Der Aufruf blieb aber ohne Erfolg. Die strikte Einhaltung der Neutralität gab dem Heiligen Stuhl die Möglichkeit, humanitäre Hilfsmaßnahmen zu ergreifen, die ohne Rücksicht auf religiöse, nationale oder ethische Zugehörigkeit geleistet wurden. Bei den folgenden Pariser Friedensverhandlungen blieb der Vatikan gänzlich ausgeschlossen.

Nach dem Krieg bemühte sich Benedikt XV. mit Erfolg um gute Beziehungen zu den einzelnen Staaten. So konnte 1920 eine Nuntiatur in Berlin errichtet werden. Frankreich ernannte 1921 wieder einen Botschafter beim Heiligen Stuhl. Auch die Beziehungen zu Italien verbesserten sich. Mit Duldung des Papstes konnte 1919 der sizilianische Priester Don Luigi Sturzo eine italienische Volkspartei gründen. Dieser Partito Popolare Italiano erzielte bei den Wahlen beachtliche Erfolge und ermöglichte so eine stärkere Präsenz der Katholiken im öffentlichen Leben. Damit war das Verbot der Wahlbeteiligung für Katholiken, das *Non expedit* von 1868, das schon Pius X. gelockert hatte, ganz aufgegeben worden.

Das wichtigste innerkirchliche Ereignis unter Benedikt XV. war die Veröffentlichung des *Codex Iuris Canonici* am Pfingstfest 1917. Damit hatte die Kirche ein modernes Gesetzbuch, in dem allerdings auch die Zentralisationstendenzen des Vatikans deutlich zum Ausdruck kamen. Ganz besonders lagen Benedikt XV. die Missionen am Herzen, die durch den Krieg stark gelitten hatten. Mit der Enzyklika *Maximum illud* von 1919 wurde dem nationalistischen und kolonialistischen Missionsstil eine Absage erteilt, weil der Papst besonders die Katholizität der Kirche betonte. Durch sein kluges, aber sachliches Vorgehen hat Benedikt XV. das Ansehen des Heiligen Stuhles und der Kirche weltweit gehoben.

Pius XI. 1922–1939

Achille Ratti. Geboren: 31. Mai 1857 in Desio bei Monza.
Gewählt: 6. Februar 1922. Gestorben: 10. Februar 1939.
Beigesetzt: St. Peter, Rom.

Während seines Studiums an der päpstlichen Universität Gregoriana war Achille Ratti Alumne des lombardischen Seminars in Rom. Seit 1907 war er Präfekt der berühmten Bibliothek Ambrosiana in Mailand. Aufsehen erregten seine Bergtouren in den Alpen. 1912 wurde er Vizepräfekt der Vatikanischen

Bibliothek und zwei Jahre später Präfekt. Seit 1919 war er Nuntius in Polen, wo er vor allem dem Klerus jegliche politische Propaganda verbot. Daher forderte die Regierung seine Entfernung. Am 13. Juni 1921 ernannte ihn Benedikt XV. zum Erzbischof von Mailand.

Sein autoritäres Temperament führte Pius XI. dazu, alles selbst in die Hände zu nehmen, zu kontrollieren und zu leiten. Vor allem gelang es ihm, die Tugend der Nüchternheit und Sachlichkeit mit der des wagemutigen Optimismus zu verbinden. Pius XI. sprach deutsch, wenn auch nicht so gut, wie sein Nachfolger. In seinen Ansprachen bezeichnete er sich oft als „der gemeine Vater" aller katholischen Christen. Das Pontifikat Pius' XI. sah sich mit den modernen totalitären Staaten konfrontiert, mit denen die Kirche noch keine Erfahrung besaß.

Den Schwierigkeiten, die sich daraus ergaben, suchte Pius XI. mit seiner Konkordatspolitik zu begegnen. Daher ist sein Pontifikat zur klassischen Konkordatsära geworden. Die Lösung der Römischen Frage ist ohne Zweifel die wichtigste außenpolitische Entscheidung des Papsttums seit 1870. Mit den Lateranverträgen wurde schließlich das Ende der tausendjährigen Geschichte des Kirchenstaates besiegelt. Nach langen Verhandlungen, die 1926 begannen, wurden die Verträge am 11. Februar 1929 von Kardinalstaatssekretär Gasparri und Mussolini unterzeichnet. Sie umfassen einen Vertrag über die Gründung des souveränen Staates der Vatikanstadt, ein Finanzabkommen und ein Konkordat des Heiligen Stuhles mit dem italienischen Staat. Der Staatsvertrag anerkannte die unumschränkte Gewalt des Papstes über die Vatikanstadt, die 44 Hektar umfaßt. Als Eigentum erhielt der Heilige Stuhl auch die Patriarchalbasiliken S. Maria Maggiore, St. Paul vor den Mauern und die Lateranbasilika sowie die Paläste der Kurialbehörden und die Villa Castel Gandolfo. Das Finanzabkommen gewährte dem Heiligen Stuhl als Entschädigung für den Verlust des Kirchenstaates die Summe von 1,75 Milliarden Lire. Das Konkordat billigte der katholischen Religion einen besonderen Schutz zu.

Zwischen Pius XI. und Mussolini kam es aber schon 1931 zu einer schweren Krise. Da der Duce meinte, die Katholische Aktion sei auch politisch tätig, ließ er am 29. Mai 1931 die katholischen Jugendgruppen auflösen. Die Antwort Pius' XI. ließ nicht auf sich warten. Bereits am 29. Juni 1931 verurteilte er mit der Enzyklika *Non abbiamo bisogno* die faschistische Staatsauffassung als heidnische Staatsvergottung. Verhandlungen, die im Juli stattfanden, führten schließlich im September zu einem Ausgleich, und die Katholische Aktion wurde in unabhängige Diözesanverbände aufgeteilt. Als die faschistischen Truppen 1935 in Abessinien einfielen, erhob Pius XI. keinen Widerspruch und italienische Bischöfe sprachen sich sogar wiederholt für den Krieg aus.

Auf die Machtergreifung Hitlers im Jahre 1933 in Deutschland hat der Heilige Stuhl keinen Einfluß gehabt. Hitlers kirchenfreundliche Regierungserklärung vom 23. März 1933 hat die Fuldaer Bischofskonferenz veranlaßt, am 28. März 1933 die früheren Verbote gegenüber dem Nationalsozialismus zurückzunehmen. Schon am 10. April 1933 nahm der neue Staatssekretär Pacelli mit dem Vizekanzler Franz von Papen Konkordatsverhandlungen auf, die dann am 20. Juli 1933 zur Unterzeichnung des Konkordates führten. Dieses war im Unterschied zu den Lateranverträgen ein Defensivkonkordat, das Bekenntnisfreiheit gewährte und die öffentliche Religionsausübung garantierte. Da Hitler das Konkordat ständig mißachtete, hat Pacelli auf diplomatischem Wege immer wieder auf den Bruch der Konkordatsvereinbarungen aufmerksam gemacht.

Mit der von Kardinal Faulhaber von München vorbereiteten Enzyklika *Mit brennender Sorge* vom 14. März 1937, die in scharfer Form auf das unchristliche System und auf das brutale Verhalten des Nationalsozialismus hinwies, hat Pius XI. dann in aller Öffentlichkeit mit dieser Irrlehre abgerechnet. Die Beziehungen zwischen dem Heiligen Stuhl und Österreich gestalteten sich unter Pius XI. besonders günstig. So kam es am 5. Juni 1933 zur Unterzeichnung eines Abkommens, das der Kirche weitest entgegenkam, aber mit dem Schicksal des Ständestaates belastet war.

Scharf wies Pius XI. den Wiener Kardinal Theodor Innitzer, der Hitler nach dem Anschluß enthusiastisch begrüßt hatte, zurecht. Während des ganzen Pontifikats mußte die katholische Kirche in der Sowjetunion schwere Verfolgungen erdulden. Im Jahre 1930 wurde die ukrainische Kirche geradezu ausgerottet. Tausende von Gläubigen und viele Priester wurden verbannt oder erschossen. Nach anfänglichen Verhandlungen stellte sich Pius XI. auch energisch dem Kommunismus entgegen. Sein Kampf gipfelte in der Veröffentlichung der Enzyklika *Divini Redemptoris* vom 19. März 1937 mit der er den atheistischen Kommunismus schärfstens verurteilte.

Mit einer ganzen Reihe anderer Staaten schloß der Papst Konkordate ab. 1926 verurteilte er die chauvinistische Bewegung der Action française von Charles Maurras, was zu heftigem Widerspruch des in sich gespaltenen französischen Katholizismus führte. Scharf protestierte Pius XI. gegen die furchtbaren Greueltaten in dem seit Juli 1936 tobenden Bürgerkrieg in Spanien, der zu Massenmorden an Gläubigen, Priestern und Bischöfen führte. Mit der Enzyklika *Iniquis afflictisque* von 1926 protestierte er auch gegen die Kirchenverfolgung in Mexiko.

Für den innerkirchlichen Bereich war das Pontifikat Pius' XI. nicht weniger bedeutungsvoll. In einer Zeit, als die Monarchien verschwanden, führte der Papst 1925 das Christkönigfest ein und weihte das Menschengeschlecht dem göttlichen Herzen Jesu. Mit der Antrittsenzyklika *Ubi arcano* von 1922 maß Pius XI. dem Aufbau der vor allem in Italien propagierten Katholischen Aktion größte Bedeutung bei. Im Dienste der Ausbreitung des Reiches Christi standen auch die zahlreichen anderen Enzykliken des Papstes. Die Lehre über die Ehe legte er in dem Rundschreiben *Casti connubi* von 1930 dar, das die Empfängnisverhütung verurteilte. Zum 40. Jahrestag der Enzyklika *Rerum novarum* verfaßte er das bedeutende Rundschreiben *Quadragesimo anno*, das die Gesellschaft nach dem Subsidiaritätsprinzip und der „berufsständischen Ordnung" regeln wollte.

Im Jahre 1926 erließ Pius XI. die große Missionsenzyklika *Rerum ecclesiae*, mit der er die Errichtung bodenständiger Kirchen mit einheimischem Klerus als unabdingbares Ziel für die Zukunft hinstellte. 1926 bestimmte er den vorletzten Sonntag im Oktober zum Weltmissionstag, 1935 erlaubte er unter gewissen Bedingungen die Konfuziusverehrung für China und auf dem Janiculus in Rom ließ er für das Propagandakolleg einen monumentalen Bau errichten.

Der Historiker auf dem Papstthron förderte vor allem Kunst und Wissenschaft. In Italien errichtete der Papst eine

Reihe von Regionalseminarien und 1925 gründete er das Institut für christliche Archäologie. Die Universität Gregoriana verdankt ihm ihr neues Gebäude, Radio Vatikan und die Akademie der Wissenschaften gehen auf ihn zurück. 1932 eröffnete der Papst persönlich die neue Pinakothek in den Vatikanischen Gärten. Pius XI. ließ keine Gelegenheit aus, um Jubiläen aller Art zu feiern. Um das Todesjahr Christi 1933 entsprechend zu begehen wurde ein außerordentliches Heiliges Jahr verkündet. Der Papst hat nicht weniger als 33 Heilig- und 500 Seligsprechungen vorgenommen. Unter den neuen Heiligen befanden sich Petrus Canisius, Albert d. Große, Konrad von Parzham, Thomas Morus und Don Bosco. Nach den Lateranverträgen war Pius XI. der erste Papst nach 1870, der wieder Castel Gandolfo als Sommerresidenz nutzte. Er zählt zu den großen Päpsten der Kirchengeschichte.

Pius XII. 1939–1958

Eugenio Pacelli. Geboren: 2. März 1876 in Rom. Gewählt: 2. März 1939. Gestorben: 9. Oktober 1958 in Castel Gandolfo. Beigesetzt: St. Peter, Rom.

Eugenio Pacelli stammte aus einer Juristenfamilie. Sein Vater war Konsistorialadvokat und sein Bruder Francesco Professor für Verwaltungsrecht. Nach glänzenden Studien an der Gregoriana und an Sant' Apollinare wurde Eugenio in das Staatssekretariat aufgenommen und machte unter Merry del Val Karriere. 1917 sandte ihn Benedikt XV. als Nuntius nach München, wo sich Pacelli sichtlich wohlfühlte. 1925 mußte er auf Geheiß Pius' XI. nach Berlin übersiedeln. Seine Intelligenz und seine Genauigkeit verschafften ihm in Deutschland hohes Ansehen. 1929 wurde er zum Kardinal ernannt und 1930 folgte er Gasparri als Staatssekretär.

Als Pius XI. 1939 starb, sahen viele in Pacelli den zukünftigen Papst. In der Tat wurde er schon nach drei Wahlgängen am ersten Tag gewählt. An ihm bewunderte man den scharfen Verstand, das ausgezeichnete Gedächtnis, die große Sprachgewandtheit, die erstaunliche Kultur, seinen Perfektionsdrang, die religiöse Persönlichkeit und die gewaltige Arbeitskraft. Allgemein tadelte man an ihm das theatralische Gehabe, das autoritäre Temperament und den ärgerniserregenden Nepotismus. Er ließ seine nächsten Verwandten durch den italienischen König in den Fürstenstand erheben und verschaffte ihnen überaus wichtige Posten sowohl im Vatikan als auch in der italienischen Wirtschaft.

Dem autoritären Temperament Pius XII. ist es zuzuschreiben, daß er 1944 nach dem Tod des Staatssekretärs Luigi Maglione das Staatssekretariat selbst in die Hand nahm und sich mit den zwei Substituten Msgr. Tardini und Msgr. Montini begnügte. Zum Kreise seiner Vertrauten zählten vor allem Deutsche wie Robert Leiber, Augustinus Bea, Gustav Gundlach und Ludwig Kaas. Besonderen Einfluß auf Pius XII. übte Schwester Pascalina Lehnert († 1983) aus, die ihm mehr als vierzig Jahre treu den Haushalt führte. Dieser Einfluß der Deutschen wurde in Rom nicht selten kritisiert. Man nannte Pius XII. „papa tedesco".

Während des Zweiten Weltkriegs hat Pius XII. eine strikte Neutralität eingehalten. Dem Heiligen Stuhl waren auch nach dem Eintritt Italiens in den Krieg 1915 im allgemeinen keine Beschränkungen auferlegt worden. Seit Frühjahr 1941 rechnete die Kurie aber mit der Möglichkeit einer deutschen Besetzung des Vatikanstaates und einer zwangsweisen Entfernung des Papstes. Besonders akut wurde diese Gefahr mit dem Sturz Mussolinis am 25. Juli 1943 und mit der deutschen Besetzung Roms am 8. September desselben Jahres. Nach der Besetzung der Ewigen Stadt durch die Alliierten am 5. Juni 1944 war dieser Alptraum vorbei. Mit Erfolg hat sich der Papst bemüht, die Stadt Rom aus dem Kriegsgeschehen herauszuhalten. Keinen Erfolg hatte er mit seinen Friedensbemühungen. Am 24. August 1939 richtete er einen Appell an die Völker, dessen Kernsatz lautete: „Nichts ist verloren mit dem Frieden. Alles kann verloren sein mit dem Krieg." Vergebens bemühte sich der Papst, Italien aus dem Krieg herauszuhalten.

Angesichts der unbeschreiblichen Not, welche die Menschen durch den grausamen Krieg erlitten hatten, gab er sich alle Mühe, den bedrängten Menschen zu helfen. Besondere Hilfe ließ er den Juden zukommen. Im Oktober 1943 befanden sich in Rom etwa 9600 Juden. Von diesen wurden mehr als 85 Prozent, dem Wunsch des Papstes gemäß, von Priestern, Mönchen und Nonnen und katholischen Laien versteckt. Die Frage nach dem Schweigen des Papstes zur Vernichtung der Juden, hat er selbst beantwortet. Dem Bischof von Berlin schrieb er am 30. April 1940, daß die Absicht, Schlimmeres zu verhüten, einer der Gründe sei, warum er sich in seinen Kundgebungen Beschränkungen auferlegte.

In den Herrschaftsgebieten des Kommunismus hatte die Kirche während der Regierungszeit Pius' XII. blutige Verfolgungen zu erleiden. Dies galt besonders für China, wo der Papst 1946 eine eigene Hierarchie errichtete. Gegen die patriotische Vereinigung der Katholiken wandte er sich mit einer Enzyklika von 1958. Als 1944 die frühere polnische Westukraine mit 4,5 Millionen Katholiken unter sowjetische Herrschaft gelangte, begann dort ein brutaler Vernichtungskampf. Vor diesem Hintergrund und der großen Gefahr, daß der Kommunismus auch in Italien an die Macht komme, ist es verständlich, daß nach dem Krieg der Kampf des Papstes dieser gottlosen Ideologie galt. Mit Dekret des Heiligen Offiziums von 1949 wurde jeder exkommuniziert, der irgendwie den Kommunismus förderte.

Von großer Bedeutung war das Pontifikat Pius' XII. für den innerkirchlichen Bereich. Es gab kaum ein religiöses Thema, das der Papst in seinen Schreiben und Reden nicht behandelt hätte. Theologisch bedeutsam war vor allem die Enzyklika *Mystici corporis* von 1943, in der die Kirche als mystischer Leib Jesu Christi dargestellt wird. Richtungsweisend war die Bibelenzyklika *Divino afflante Spiritu* von 1943. Nach einem ein halbes Jahrhundert dauernden Kampf gegen die historisch-kritische Methode in der Exegese, war dieses Schreiben ein bedeutender Schritt nach vorne. Eine andere bedeutende Enzyklika war *Mediator Dei* von 1947, in der der Papst ein mäßiges Ja zur liturgischen Bewegung sagte. Von einem neuen *Syllabus* sprach man, als er 1950 die Enzyklika *Humani generis* veröffentlichte, die den falschen Evolutionismus, Existenzialismus und Historismus verurteilte.

Ein Höhepunkt der lehramtlichen Tätigkeit Pius' XII. war 1950 die Verkündigung des kirchlichen Dogmas der Aufnahme Mariens in den Himmel. Fragen über die Mittlerschaft, Miterlöserschaft und den Tod Mariens hat der Papst bewußt nicht entschieden. Die Enzyklika *Haurietis aquas* von 1956 setzte sich mit dem Herz-Jesu-Kult auseinander. Die liturgischen Reformen des Papstes gipfelten in der Milderung des eucharistischen Nüchternheitsgebots und in der Neuordnung der Karwoche. Er dachte auch schon daran, ein Konzil einzuberufen. Der ökumenischen Bewegung stand er wohlwollender gegenüber als sein Vorgänger. Jedoch konnte auch er sich eine Wiedervereinigung der getrennten Brüder nur als Rückkehr zur katholischen Kirche vorstellen.

Die tiefe Verehrung, die der Papst bei den Gläubigen in aller Welt genoß, zeigte sich besonders im Heiligen Jahr 1950. Nach dem Tode wurde der Papst wegen einiger Schwächen kritisiert, die mit dem Alter noch stärker hervortraten. Das im Jahre 1963 erschienene Stück *Der Stellvertreter* von Hochhuth hat leidenschaftliche Diskussionen über das Schweigen dieses Papstes zur Judenverfolgung durch den Nationalsozialismus ausgelöst. Immerhin soll Hitler vom Papst gesagt haben: Pius XII.? Dies ist der einzige Mensch, der mir immer widersprochen und niemals gehorcht hat." Zum 1999 veröffentlichten Werk *Pius XII. Der Papst, der immer geschwiegen hat* von John Cornwell, sagte Professor Blet: „Pius XII. war ein Freund der Deutschen, aber nicht des Regimes."

Johannes XXIII. 1958–1963

Angelo Giuseppe Roncalli. Geboren: 25. November 1881 in Sotto il Monte (Bergamo). Gewählt: 28. Oktober 1958. Gestorben: 3. Juni 1963. Beigesetzt: St. Peter, Rom. Selig: 2000. Fest: 3. Juni.

Johannes XXIII. stammte aus bescheidenen Verhältnissen. Seine theologischen Studien absolvierte er in Sant'Apollinare in Rom. Als junger Priester war er Sekretär seines Heimatbischofs Radini-Tedeschi († 1914) und Professor für Kirchengeschichte und Patrologie am Priesterseminar in Bergamo. Als Italien 1915 in den Krieg eintrat, wurde Roncalli zunächst Sanitätssoldat und dann Militärpfarrer. Pius XI. ernannte Roncalli 1925 zum Apostolischen Visitator in Bulgarien. Von 1935 bis 1944 war er Apostolischer Delegat für Griechenland und für die Türkei. In dieser Zeit konnte er die Deportation griechischer Juden durch die deutschen Besatzer verhindern. Von 1945 bis 1953 war er Nuntius in Paris und anschließend Patriarch von Venedig.

Obwohl vor der Wahl niemand auf Roncalli achtete, war sich dieser selbst ziemlich sicher, Papst zu werden. Im Spätmittelalter hatte es bereits einen Johannes XXIII. (1410–1415) gegeben, der auf dem Konzil von Konstanz abgesetzt worden war und nach dem Annuario Pontificio zu den Gegenpäpsten zählt, weil er der Pisaner Reihe angehörte. Deshalb nannte sich Roncalli Johannes XXIII. Allerdings zeigen in St. Paul vor den Mauern die Papstmedaillons beide Päpste mit diesem Namen. Immerhin ließ der Name eine Zeit der Überraschungen ahnen. Allgemein sprach man von einem Übergangspapst, zumal er schon im 77. Lebensjahr stand.

Johannes XXIII. zeichnete sich durch schlichte Herzlichkeit, humorvolles Wesen und gesunden Hausverstand aus. Daß ihm der Schalk im Nacken saß, beweisen die zahlreichen Anekdoten, die über ihn erzählt werden. Der neue Papst war allerdings weniger progressiv als viele dachten. So ernannte er Kardinal Tardini, dessen konservative Ansichten allgemein bekannt waren, zum Staatssekretär. Nach dessen plötzlichem Tod 1961 vertraute Johannes XXIII. das Amt Amleto Giovanni Cicognani an, der einer der wichtigsten Mitarbeiter Pius' XII. war. Verschiedene Professoren des konservativen Lateranseminars, das übrigens bald den Rang einer Universität bekam, erhielten Vertrauensposten. 1959 gebot er, daß die französischen Arbeiterpriester durch Laien abgelöst werden. Kurz vor dem Konzil schrieb Johannes XXIII. mit dem Motuproprio *Veterum sapientia* vom 22. Februar 1962 die Verbindlichkeit der lateinischen Sprache für die Liturgie und den Unterricht in den Seminarien streng vor. Dieses Rundschreiben wurde nie rezipiert, aber auch nie zurückgenommen.

Vor den Schriften eines Teilhard de Chardin warnte das hl. Offizium am 30. Juni 1962. Den Anteil der Italiener im Kardinalskollegium hat Johannes XXIII. wieder gestärkt. Allerdings hat er erstmals die seit Sixtus V. 1586 festgesetzte Zahl der 70 Kardinäle überschritten und damit bewiesen, daß er keine Angst vor neuen Wegen hatte. Weltweites Aufsehen erregte Johannes XXIII. am 25. Januar 1959 mit der Ankündigung eines Konzils. Gleichzeitig stellte er die Durchführung einer Diözesansynode für Rom und eine zeitgemäße Erneuerung des Kirchenrechtes in Aussicht. Allerdings konnte erst 1963 eine entsprechende Kommission zur Revision des Codex Iuris

Canonici errichtet werden. Die römische Synode wurde 1960 abgehalten und sollte ein Modell für das spätere Konzil werden. In Wirklichkeit wurde sie ein Flop und geriet bald in Vergessenheit.

Mit der Ankündigung eines Ökumenischen Konzils löste der Papst bei vielen Beklommenheit aus, obwohl er schon vorher mit mehreren Personen darüber gesprochen hatte. Immerhin sah sich der *Osservatore Romano* nicht in der Lage, den vollen Wortlaut der päpstlichen Ansprache zu veröffentlichen. Seit der Unfehlbarkeitserklärung von 1870 waren selbst bedeutende Theologen der Meinung, daß Versammlungen dieser Art nicht mehr nötig seien. Die Ankündigung eines Ökumenischen Konzils stiftete auch deshalb Verwirrung, weil viele an die ökumenische Bewegung dachten und glaubten, es würde sich um eine Union der christlichen Konfessionen handeln.

Zu Pfingsten 1959 wurde bereits die erste vorbereitende Konzilskommission eingesetzt. Inzwischen wurde auch klargestellt, daß das Konzil nur die katholische Kirche betreffen werde. In einer Ansprache vom 14. Juni 1959 kam aus dem Munde des Papstes zum ersten Mal das Wort „aggiornamento", das soviel wie Anpassung heißt. Sobald die Kirche sich den Zeiterfordernissen angepaßt habe, sagte der Papst, könnte sie zu den getrennten Brüdern auch sagen: Kommt zu uns! Mit Pfingsten 1960 begann die zweite und abschließende Phase der Konzilsvorbereitungen.

Am 5. Juni 1960 bestellte der Papst zehn Konzilskommissionen, das Sekretariat zur Förderung der Einheit der Christen und die Zentralkommission. Im Februar 1962 setzte er den Beginn des Konzils für den 11. Oktober 1962 fest. Eine Woche vor Konzilsbeginn überraschte er die Welt mit einer Wallfahrt nach Loreto und Assisi, um dort für das Gelingen des Konzils zu beten. Es war die erste Reise, die ein Papst nach dem Verlust des Kirchenstaates im Jahre 1870 unternahm. Wieder in Rom zurück, hat er zu seinen Mitarbeitern gesagt: „Ich bin alt, mein Nachfolger wird weiter reisen." In der vielbeachteten Eröffnungsrede vom 11. Oktober 1962 betonte der Papst, daß die katholische Glaubenslehre positiv dargestellt werden sollte, und daß man auf Verdammungsurteile verzichten wolle. Für ihn bestand der springende Punkt des Konzils nicht im Bewahren „als ob wir uns nur um Altertümer kümmern würden", sondern in einem „Sprung nach vorne – balzo innanzi", den die Menschen erwarten.

Johannes XXIII. ließ dem Konzil fast völlige Freiheit. Er ließ es geschehen, daß das Konzil am 16. Oktober 1962 neue Mitglieder, Theologen aus der ganzen Welt, in die Kommissionen wählte. Als das Schema *Von den Quellen der Offenbarung* bei annähernd zwei Dritteln der Konzilsväter auf harten Widerstand stieß, griff der Papst allerdings in das Konzilsgeschehen ein und bestellte eine Kommission zur Erarbeitung eines neuen Schemas. Die letzten Tage der ersten Sitzungsperiode waren schon von der unheilbaren Krankheit des Papstes überschattet. Viele Katholiken waren enttäuscht, daß keine der behandelten Vorlagen veröffentlicht werden konnte.

Die Lehrtätigkeit Johannes XXIII. war vor allem praxisbezogen. Die Mariologie trat nach der starken Betonung unter Pius XII. mehr in den Hintergrund. Zu den getrennten Brüdern schaffte Johannes XXIII. ein neues Verhältnis. Dies bezeugen die vielen Besuche nichtkatholischer Kirchenführer im Vatikan. Mit ihm begann auch ein neues Kapitel in den Beziehungen zu den Juden. Im Jahre 1949 hatte schon Pius XII. die Stelle „pro perfidis Judaeis" in der Karfreitagsfürbitte für die Juden in der Volkssprache mit „ungläubig" übersetzen lassen. Seit Jahrhunderten wurde dieser Ausdruck mit treulos wiedergegeben. Johannes XXIII. ließ nun den Ausdruck völlig streichen. Grundlegend für das soziale Engagement des Papstes war die Enzyklika *Mater et magistra* vom 15. Mai 1961, die die große Tradition der päpstlichen Soziallehre fortsetzte. Auffallend war, daß der Papst die vieldiskutierte berufsständische Ordnung, wie sie noch im Schreiben *Quadragesimo anno* von Pius XI. verfochten wurde, nicht mehr erwähnte.

Zu den einflußreichsten Enzykliken überhaupt gehört das letzte Rundschreiben des Papstes *Pacem in terris* vom 11. April 1963 über den Frieden unter allen Völkern in Wahrheit, Gerechtigkeit, Liebe und Freiheit. Es war erstmals an alle Menschen guten Willens gerichtet und versuchte die Möglichkeiten aufzuzeigen, Kriege als Mittel der Politik möglichst auszuschließen. Wörtlich schrieb der Papst: „Darum widerstrebt es in unserem Zeitalter ... der Vernunft, den Krieg noch als das geeignete Mittel zur Wiederherstellung verletzter Rechte zu betrachten". Die Enzyklika machte sich weitgehend die Gedanken der *Allgemeinen Erklärung der Menschenrechte* der Vereinten Nationen vom 10. Dezember 1948 zu eigen. Dies bedeutete für die katholische Kirche eine kopernikanische Wende, denn mit der Anerkennung der Menschenrechte begann auch ein ganz neues Verständnis des Menschen. Auch die Frau bekam durch Johannes XXIII. einen neuen Stellenwert in der Kirche.

Freudig begrüßt wurde vor allem im Ostblock der Abschnitt der Enzyklika über die friedliche Koexistenz zwischen Ost und West. Aus seinen Prinzipien zog der Papst auch entsprechende Konsequenzen. Er hat sich nicht nur in der Theorie, sondern auch in der Praxis um den Frieden bemüht. So hat er schon während der Kuba-Krise im Jahre 1962 zwischen den Vereinten Nationen und Moskau vermittelt und damit ohne Wissen der Öffentlichkeit zur Rettung des Friedens beigetragen. Eine große Genugtuung für den Papst war im Februar 1963 die Freilassung des Metropoliten Slipyj von Lemberg, die auf den Klimawechsel zwischen Ost und West hinwies. Geradezu spektakulär wirkte am 5. März 1963 die Privataudienz, die Johannes XXIII. dem Ehepaar Adschubej, Tochter und Schwiegersohn des sowjetischen Ministerpräsidenten Chruschtschow, gewährte. Mit ihm zog auch ein neuer Kunstgeist in den Vatikan ein. Der Freundschaft des Papstes mit dem dem Kommunismus zugewandten Künstler Giacomo Manzù verdanken wir eines der schönsten Tore, die in die Peterskirche führen. Als der Papst nach langer Krankheit starb, wurde er von der Weltöffentlichkeit so betrauert, wie keiner vor ihm. Mit Johannes XXIII. ging die konstantinische Epoche der Kirche zu Ende und es begann für sie ein neues Zeitalter.

Paul VI. 1963–1978

Giovanni Battista Montini. Geboren: 26. September 1897 in Concesio bei Brescia. Gewählt: 21. Juni 1963. Gestorben: 6. August 1978 in Castel Gandolfo. Beigesetzt: St. Peter, Rom.

Giovanni Battista Montini war Sohn eines Zeitungsverlegers und Politikers. Wegen seiner schwachen Gesundheit absolvierte er seine Studien teilweise privat. Nach kurzem Wirken in der Pfarrseelsorge besuchte er in Rom die päpstliche Diplomatenschule. Seit 1924 arbeitete er im Staatssekretariat, wo er, abgesehen von einer kurzen Tätigkeit an der Warschauer Nuntiatur, bis 1954 wirkte. Nebenamtlich war er von 1925 bis 1933 Generalassistent des katholischen Studentenverbandes Italiens. Von 1937 an war er als Substitut ein enger Mitarbeiter von Staatssekretär Pacelli. Nachdem Pius XII. ihn 1952 zum Prostaatssekretär ernannt hatte, schickte er ihn zwei Jahre später völlig überraschend als Erzbischof nach Mailand, wo sich Montini mit aller Kraft der Großstadtseelsorge widmete. Den roten Hut bekam er erst 1958 von Johannes XXIII. Während der Konzilsdebatten hielt sich Montini sehr zurück.

Nach dem Tode Johannes' XXIII. war man bedacht, einen Nachfolger zu wählen, der das angefangene Konzil fortsetzen würde. Der Blick richtete sich sogleich auf Montini, der bereits zu verstehen gegeben hatte, daß man den eingeschlagenen Weg nicht verlassen könne. Paul VI. besaß weder die Ausstrahlung seines Vorgängers noch die suggestive Wirkung seines Nachfolgers. Der Philosoph Jean Guitton charakterisierte seine Persönlichkeit „rätselhaft, geheimnisvoll, undurchsichtig". Der italienische Ministerpräsident Giulio Andreotti bezeichnet Paul VI. als sehr modern, aber auch als sehr unbeweglich. Geschwächt durch Alter und Krankheit bot der Papst besonders in der Spätphase des Pontifikats immer mehr ein Bild der Hilflosigkeit. Schon in seiner ersten Rundfunkbotschaft im Juni 1963 sagte der neue Papst, seine Aufgabe sei es, das von seinem Vorgänger angefangene Konzil fortzusetzen. Bei der Krönungsansprache betonte er aber, daß er die Kirche gegen alle Irrtümer verteidigen werde. Damit war das Pontifikat schon charakterisiert: Erneuerung ja, willkürliche Änderungen nein.

In der Eröffnungsrede der zweiten Sitzungsperiode am 29. September 1963 stellte Paul VI. dem Konzil vier Aufgaben: Darlegung des Wesens der Kirche, innerkirchliche Erneuerung, Förderung der Einheit der Christen und Dialog mit der Welt. Er fügte dann ein Schuldbekenntnis an, wie man es seit den Zeiten Hadrians VI. nicht mehr gehört hat. Auch die Konzilleitung hat Paul VI. stark verändert, er vertraute die Leitung vier Moderatoren an. Mehr als sein Vorgänger griff Paul VI. in das Konzilsgeschehen ein. Allerdings wurde dies in der zweiten Sitzungsperiode noch nicht so spürbar, anders in der dritten, in der es zur schärfsten Krise des Konzils kam.

Paul VI. ließ zur Lehre der Kollegialität am 14. November 1963 eine *Nota praevia* anfügen, die jegliche Beeinträchtigung des päpstlichen Primates verhindern sollte. Diese Nota, die auf den Kirchenrechtler und Jesuiten Bertrams zurückging, hat die päpstlichen Vollmachten weit schärfer formuliert als das Erste Vatikanische Konzil. Der Kernsatz lautete: „Der Papst als höchster Hirte der Kirche kann seine Vollmacht jederzeit nach Gutdünken ausüben, wie es von seinem Amt her gefordert wird." Die Erregung der Konzilsväter erreichte aber ihren Höhepunkt, als am 19. November 1963, dem „schwarzen Donnerstag", die Vorabstimmung über den Text der Religionsfreiheit auf Geheiß des Papstes abgesagt wurde. Eine Petition mit ca. 1000 Unterschriften erreichte schließlich vom Papst die Zusicherung, daß die Erklärung über die Religionsfreiheit als erster Punkt in der vierten Sitzungsperiode behandelt würde.

Auf Anregung des Papstes, der dem Wunsch konservativer Konzilsväter nachkam, wurden am selben Tag auch einige Änderungen in das Dekret über den Ökumenismus eingefügt. Bei diesen Eingriffen war Paul VI. immer auf Ausgleich zwischen konservativen und progressiven Kräften im Konzil bedacht. Das brachte ihm allerdings den Ruf eines Hamlet auf dem Papstthron ein. Als die vierte Sitzungsperiode am 14. September 1965 eröffnet wurde, überraschte der Papst die Väter mit der Ankündigung, er werde eine Bischofssynode berufen, die allerdings nur beratende Funktion haben sollte. Am 7. Dezember 1965 kam es in der Peterskirche und gleichzeitig in der Patriarchalbasilika des hl. Georg zu Konstantinopel zur denkwürdigen Aufhebung des gegenseitigen Bannes von 1054. Die festliche Schlußsitzung des Konzils, das für die Kirche vielfach eine kopernikanische Wende bedeutete, fand am 8. Dezember 1965 auf dem Petersplatz statt.

Das Lehramt Pauls VI. war eher von konservativer Prägung. Die vom Konzil geforderte Kurienreform hat er 1967 mit der Apostolischen Konstitution *Regimini Sanctae Ecclesiae* durchgeführt. Dabei handelte es sich allerdings mehr um eine Rationalisierung der Kurie als um eine wirkliche Reform. Einschneidender als die Kurienreform war hingegen die Festlegung der Altersgrenze für die Bischöfe. 1966 richtete Paul VI. mit dem Schreiben *Ecclesiae sanctae* an alle Bischöfe die Aufforderung, mit der Vollendung des 75. Lebensjahres ein Rücktrittsgesuch einzureichen. Damals erlaubte sich Kardinal Ottaviani († 1979) die provozierende Frage, ob dann nicht auch der Bischof von Rom an einen Rücktritt aus Altersgründen denken sollte. Zu den besten Enzykliken des Pontifikats gehört das Rundschreiben *Populorum progressio* von 1967. Darin betont der Papst, daß der wirtschaftliche Fortschritt die Voraussetzung für den Frieden in der Welt ist. Das Rundschreiben *Sacerdotalis coelibatus* von 1967 bestand auf der Verbindung zwischen Ehelosigkeit und Priestertum.

Im Jahre 1968 kam die vieldiskutierte Enzyklika *Humanae vitae* heraus, die in der Geburtenkontrolle die traditionelle Lehre der Kirche bestätigte und damit in weiten Kreisen der Gläubigen offenen Ungehorsam bewirkte. Mit dem Motuproprio *Ingravescentem aetatem* von 1970 bestimmte Paul VI., daß alle Kardinäle mit dem 80. Lebensjahr ihr Papstwahlrecht verlieren. Die Glaubenskongregation bekräftigte im Jahre 1977 das traditionelle Nein zur Priesterweihe von Frauen. Paul VI. engagierte sich auch sehr für den Frieden. Um die Menschen für dieses große Anliegen zu gewinnen, erklärte er den 1. Januar zum Tag des Friedens, der am Neujahrstag 1968 erstmals gefeiert wurde.

Um den Frieden zu wahren hat sich Paul VI. auch sehr um die Ostpolitik bemüht. Unter ihm besserten sich die Beziehungen zwischen der katholischen Kirche und den Kirchen des Ostens. Dazu trugen besonders die Begegnungen mit dem Patriarchen Athenagoras von Konstantinopel in Jerusalem und der Besuch des koptischen Patriarchen von Alexandrien Shenuda III. 1973 in Rom bei.

Großes Echo löste Paul VI. mit seinen Weltreisen aus. Die ergreifendste seiner Reisen war 1964 die Pilgerfahrt ins Heilige Land. Paul VI. ist auch als Förderer der modernen Kunst in die Geschichte eingegangen. Er ließ das schon unter seinem Vorgänger begonnene Museumsgebäude für die Sammlungen aus dem Lateran im Vatikan vollenden. 1977 weihte er im Vatikan die neue Sammlung moderner religiöser Kunst ein. Auf ihn geht auch die vom berühmten Architekten Pier Luigi Nervi erbaute neue Audienzhalle zurück. Nachdem Johannes

XXIII. die Türen aufgerissen und frischen Wind in die Kirche gelassen hatte, mußte Paul VI. sehen, wie er damit fertig wurde. Der Erzbischof von Wien, Kardinal Franz König, hatte recht, wenn er 1970 sagte: „Pius XII. hatte den Respekt der Welt, Johannes XXIII. die Liebe, Paul VI. braucht unser Verstehen".

Johannes Paul I. 1978

Albino Luciani. Geboren: 17. Oktober 1912 in Canale d'Agordo bei Belluno. Gewählt: 26. August 1978. Gestorben: 28. September 1978. Beigesetzt: St. Peter, Rom.

Albino Lucianis Vater war überzeugter Sozialist und mußte sich als Arbeiter im Ausland das tägliche Brot verdienen. Den Hunger hat der junge Luciani am eigenen Leibe erfahren. Die höhere Schule besuchte er am bischöflichen Knabenseminar in Feltre. Nach dem Abitur studierte er am Priesterseminar von Belluno, wo er glänzende Examina ablegte, so daß er an der berühmten Päpstlichen Universität Gregoriana seine Studien fortsetzen durfte. Seine Doktorarbeit beschäftigte sich mit dem Philosophen Antonio Rosmini, dessen wichtigstes Buch *Die Fünf Wunden der Kirche* 1849 auf den Index geraten war. 1937 wurde Luciani von seinem Bischof zum Vizeregens am Priesterseminar von Belluno ernannt. Gleichzeitig lehrte er dort theologische Fächer. 1948 wurde er zum Generalvikar seiner Diözese und 1958 zum Bischof von Vittorio Veneto nominiert, wo er bald frischen Wind in die Diözese brachte. Dem Bischof gelang es, sowohl theologische Texte für das Konzil zu verfassen als auch den einfachen Gläubigen seiner Diözese das Evangelium durch Erzählungen und Anekdoten verständlich zu machen. 1969 ernannte ihn Paul VI. zum Patriarchen von Venedig. Auch in dieser Stellung wahrte Luciani den engen Kontakt mit der Bevölkerung, vor allem mit den kleinen Leuten. Mit Vorliebe trat er im schwarzen Priesterrock auf, grüßte alle und fand für jeden, der sich an ihn wandte, tröstende Worte.

An die Wahl Lucianis zum Papst hatten wohl die wenigsten gedacht. Als der Neugewählte zum ersten Mal auf dem Balkon der Peterskirche erschien, ging ein Aufatmen durch die Menge: Die Kirche hatte endlich wieder einen Papst, der unbefangen lachen konnte. Was er ausstrahlte, war Freude, dem Herrn dienen zu können. Sicher war er kein Karrieremann. In seinem Äußeren glich er weder Paul VI. noch Johannes XXIII., sondern eher dem schmächtigen Benedikt XV. Er hatte dieselbe Adlernase, Kennzeichen eines starken Willens, mit einer darübersitzenden, gutmütig wirkenden Brille. Es war ein sympathisches Aussehen. Eine römische Zeitung meinte über den Stil des neuen Papstes: „Viel Johannes und wenig Paul." Aufhorchen ließ er durch die Wahl eines Doppelnamens. Das hat es in der Papstgeschichte noch nie gegeben.

Noch während der Wahlnacht hat Johannes Paul I. das Programm seines Pontifikats erarbeitet. Darin war die Rede von der Weiterentwicklung des Zweiten Vatikanischen Konzils. Der Dialog, den Paul VI. zur Grundlage seines pastoralen Wirkens gemacht hatte, sollte fortgeführt und der Ökumenismus gefördert werden. Sicher hat Johannes Paul I. mit diesem Programm einige Akzente gesetzt, dennoch muß man zugeben, daß es nichts außergewöhnliches enthielt. Am 3. September 1978 wurde Johannes Paul I. in sein Amt eingeführt. Dabei verzichtete er auf Krönung und Inthronisation. Instinktiv erfaßte das Volk, daß Johannes Paul I. ein Papst aus der eigenen Mitte war, ein Seelenhirte, wie es sich ihn wünschte. Ihm hätte man eine Schonfrist geben sollen, um sich in sein Amt einarbeiten zu können, das jeden mehr oder weniger unvorbereitet trifft. Aber dies war offenbar nicht der Fall, denn schon nach 33 Tagen starb Johannes Paul I. völlig überraschend an einem Herzinfarkt.

Es schien geradezu paradox, daß dieser Papst ohne Enzykliken, ohne Konzilien und ohne Konsistorien in so kurzer Zeit die Welt begeistern konnte. Immerhin hatte er die Zeit, von sich in der Ichform zu sprechen und zu betonen, daß sich das Reich Gottes nicht mit der Vorstellung des Menschen decke und daß Gott mehr Mutter als Vater sei. Am 27. September 1978 verglich er bei einer Audienz die christliche Liebe mit einer Reise zu Gott. Er erzählte, daß er sich als Junge an den Reisebüchern von Jules Verne begeisterte. Dann fügte er hinzu: „Aber die Reise zu Gott ist noch viel interessanter." Niemand unter den zahlreichen Pilgern ahnte, daß Johannes Paul I. einen Tag später selbst diese Reise antreten würde. Über den Tod des Papstes gab es bald eine Menge Indiskretionen. Seit dem 5. Oktober 1978 hieß es in Rom, daß der Tote nicht, wie bisher behauptet, von seinem Sekretär gefunden worden sei, sondern von einer Ordensschwester, die Luciani aus Venedig mitgebracht hatte und daß man auf dem Bett nicht Betrachtungsliteratur, sondern wichtige Personalakten gefunden hätte. Als unhaltbar und absurd ist die These des englischen Schriftstellers David A. Yallop anzusehen, der in seinem 1984 erschienen Buch nachzuweisen versuchte, Johannes Paul I. sei einem Mordkomplott zum Opfer gefallen. Anzunehmen ist aber, daß durch diesen Papst, wenn er länger gelebt hätte, die Kirche wohl ein neues Gesicht bekommen hätte. Denn ihm schwebte eine Kirche der Armen und für die Armen vor.

Johannes Paul II. 1978–2005

Karol Wojtyla. Geboren: 18. Mai 1920 in Wadowice (Wadowitz) bei Krakau. Gewählt: 16. Oktober 1978. Gestorben: 2. April 2005 in Rom. Beigesetzt: St. Peter, Rom.

Als Neunjähriger verlor Karol seine Mutter Emilia und als 13jähriger seinen älteren Bruder. Er wuchs allein in der Obhut seines Vaters, eines ehemaligen k. u. k. bzw. dann polnischen Offiziers, auf. 1938 zogen Vater und Sohn nach Krakau. Dort inskribierte sich Karol an der philosophischen Fakultät, aber der Krieg unterbrach 1939 seine Studien. Dem Naziregime fiel anschließend ungefähr ein Fünftel des gesamten polnischen Klerus zum Opfer. Mit Freunden gründete Karol nun das „Rhapsodische Theater", das im Untergrund spielte und in dem er auch auftrat. Um selbst der Deportation zu entgehen, verdiente er sich sein Brot in den Steinbrüchen von Krakau und bei den chemischen Werken von Solvay in Borek Falecki.

Nach dem Tod seines Vaters beschloß Karol 1942, ins Priesterseminar zu gehen, das Erzbischof Sapieha geheim in seiner Residenz leitete. Nach außen hin war er aber weiterhin als Arbeiter tätig. 1944 suchte er im bischöflichen Palais Zuflucht. 1945 befreite die Rote Arme Krakau und Karol konnte nun normal weiterstudieren.

Da Sapieha Karol zum Weiterstudium nach Rom schicken wollte, weihte er ihn am 1. November 1946 vorzeitig zum Priester. Anschließend studierte Wojtyla zwei Jahre am Angelicum in Rom, wo er mit einer Arbeit über Johannes vom Kreuz promovierte. In die Heimat zurückgekehrt, wurde er mit der kommunistischen Diktatur konfrontiert. In Polen begann eine neue Kirchenverfolgung, Priester und Bischöfe wurden verhaftet. Wojtyla tat zunächst in einer Dorfkirche als Kaplan Dienst und leitete anschließend von 1949 bis 1951 als Vikar die St.-Florians-Kirche in Krakau. 1951 erwarb er auch das Doktorat der Theologie an der Jagellonen-Universität und habilitierte sich dann mit einer Arbeit über den Philosophen Max Scheler. Dieses Studium bestärkte ihn in der Erkenntnis, daß jede Person einmalig und deren Würde immer zu achten sei. Nach seiner Habilitation dozierte Wojtyla Sozialethik im Priesterseminar und an der Theologischen Fakultät. Als diese 1954 von den Kommunisten geschlossen wurde, ging er als Professor für Ethik an die Katholische Universität Lublin.

Nach dem Tod des Krakauer Weihbischofs im Jahre 1958 folgte ihm Wojtyla im Amt nach und im Jahre 1963 wurde er Nachfolger des Krakauer Erzbischofs Sapieha. Beim Zweiten Vatikanischen Konzil trat Wojtyla besonders für die Religionsfreiheit ein. Paul VI. ernannte ihn 1967 zum Kardinal.

Am 16. Oktober 1978 kam aus Rom die sensationelle Nachricht, daß der Pole Karol Wojtyla zum neuen Papst gewählt worden sei. In Erinnerung an Johannes Paul I. nannte er sich Johannes Paul II. Die Wahl Wojtylas hat die Welt mehr überrascht, als es die eines farbigen Kardinals hätte tun können, weil der weiße Mann aus einem roten Land kam. Der Wojtyla-Papst lächelte freundlich und hatte eine ähnliche Ausstrahlung wie sein Vorgänger, daher sprach die Presse von einem polnischen Luciani. Als der Papst mit klangvoller Stimme zum ersten Mal den Segen Urbi et orbi erteilte, brandete Beifall auf. Seitdem gehörten Jubel, Begeisterung und Verzückung zum römischen Alltag.

Über keinen Papst sind so viele Bücher erschienen wie über Johannes Paul II. Im März 1995 wurde der Papst durch das US-Magazin *Time* zum Mann des Jahres gewählt. Seit 2003 können Botschaften des Papstes auch über SMS empfangen werden. Im Laufe seines langen Pontifikats hat Johannes Paul II. es bestens verstanden, mit den Medien umzugehen und sie für die Verkündigung einzusetzen. Seine programmatische Ansprache am 17. Oktober 1978 war ein Bekenntnis zu den Beschlüssen des Konzils, zur Religionsfreiheit, zur Kollegialität der Bischöfe und der Disziplin in der Kirche. Was immer die offene und menschliche Art, das legere Auftreten Wojtylas nahezulegen schienen, einen Verlust an katholischer Glaubenstradition bedeutete es nicht. Im Gegenteil, Johannes Paul II. kämpfte energisch für die Reinerhaltung und Integrität der Lehre und gegen die Kräfte der Zerstörung und Zersplitterung. Er war gegen gewaltsame Proteste, selbst wenn sie sich gegen Ausbeuter richteten. Wiederholt gab er zu erkennen, daß er die innere Umkehr des Menschen wollte. Er verurteilte immer wieder mit aller Entschiedenheit Abtreibung, Ehescheidung, Empfängnisverhütung, künstliche Befruchtung, Todesstrafe und Krieg.

Am 15. März 1979 legte der Papst seine erste Enzyklika *Redemptor hominis* vor, in der er die Würde des Menschen betonte und sich gegen die totalitären Staaten und gegen die kapitalistische Konsumgesellschaft wandte, die den Menschen nur versklaven. Großen Anteil hatte der Papst am Zusammenbruch des Kommunismus. Die Reisen in sein Heimatland 1979, 1983, 1987 und die Unterstützung der christlichen Gewerkschaft Solidarnosc führten 1989 nicht nur zu den ungeahnten und dramatischen Veränderungen in den Ostblockstaaten, sondern auch zum weltweiten Niedergang der marxistischen Ideologien.

Johannes Paul II. war von Kindheit an ein glühender Marienverehrer. Sein Wappen zeigte ein großes „M“ unter dem rechten Kreuzesbalken. Der Wahlspruch des Papstes lautete „Totus Tuus – Ganz dir ergeben“. Bei seinen Reisen besuchte Johannes Paul II. mit Vorliebe marianische Wallfahrtsorte. 1987 veröffentlichte er eine Enzyklika, die den Titel *Redemptoris mater* trägt. Im Mittelpunkt des Arbeitsjahres 2003 stand die Wiederbelebung des Rosenkranzgebetes. Frauen gegenüber hatte der Papst keine Berührungsängste, immer wieder trat er für deren Achtung ein. 1988 veröffentlichte er das Apostolische Schreiben *Mulieris dignitatem*. Die Kernaussagen sind Gleichberechtigung ohne Gleichmacherei, Respekt vor dem Einsatz der Frauen, besonders der Mütter. Allerdings lehnte er das Frauenpriestertum kategorisch ab. Mit dem Apostolischen Schreiben *Ordinatio sacerdotalis* vom 22. Mai 1994 schloß Johannes Paul II. die Möglichkeit der Priesterweihe für Frauen endgültig und verbindlich für immer aus.

Meilenweit gingen die Reaktionen auf das Lehrschreiben der Glaubenskongregation über *Die Zusammenarbeit von Mann und Frau in der Kirche und in der Welt* vom 31. Juli 2004 auseinander. Während die einen das Dokument als frauenverachtend hinstellten, sahen andere in ihm eine historische Kehrtwende. Papst Johannes Paul II. hatte großes Gefallen an Heilig- und Seligsprechungen. Unter jenen, die er zur Ehre der Altäre erhoben hat, sind vor allem Maximilian Kolbe, Edith Stein, Padre Pio, Josemaria Escriva, Arnold Janssen und Josef Freinademetz zu nennen. 1999 wurde Edith Stein gemeinsam mit der hl. Birgitta von Schweden und der hl. Katharina von Siena zur Schutzpatronin Europas erhoben.

Einer der wichtigen Akte des Pontifikats fand am 25. Januar 1983 statt, als Johannes Paul II. das neue kirchliche Gesetzbuch unterzeichnete. Am selben Tag waren genau 24 Jahre vergangen, seitdem Johannes XXIII. zusammen mit der Ankündigung des Zweiten Vatikanischen Konzils den Wunsch nach einer Neufassung des Kanonischen Rechts ausgesprochen hatte. Erwähnenswert ist, daß erstmals in einem kirchlichen Gesetzeswerk die Grundrechte der Laien aufgezählt wurden.

Das große Jubiläumsjahr 2000 war für den Papst wohl das arbeitsintensivste seines Pontifikats. Als historisches Datum für die gesamte Kirchengeschichte gilt das in diesem Jahr ausgesprochene *Mea culpa*. Johannes Paul II. beklagte die Verantwortung der Christen für die Kirchenspaltungen und die Anwendung von Gewalt bei der Verkündigung des Evangeliums. Das andere große Thema des Heiligen Jahres 2000 war das Gedächtnis der Märtyrer.

Im Verlaufe des Pontifikats wurde immer deutlicher, daß das Ziel des Papstes die Wiederherstellung der Disziplin in der Kirche war. Dieses Vorhaben verfolgte Johannes Paul II. auch mit Hilfe des Leiters der Glaubenskongregation, des deutschen Kardinals Joseph Ratzinger, der 1981 in dieses wichtige Amt berufen wurde. 1984 erließ er eine Instruktion zur Befreiungstheologie, der 1986 eine neue folgte, die wesentlich besser war als die erste. Entschieden gegen die Homo-Ehe sprach sich die Glaubenskongregation 2003 aus. 1987 veröffentlichte die Glaubenskongregation ein Dokument, das jede Form der Befruchtung im Reagenzglas verurteilte. Unerwartet scharfe Kritik löste das 1984 von der Gottesdienstkongregation veröffentlichte Schreiben über die Zulassung der Tridentinischen Messe aus, die im Zusammenhang mit der Liturgiereform unter Paul VI. verboten worden war.

In der römischen Kurie hatte der Papst im Laufe seines langen Pontifikats viele Neubesetzungen vorgenommen. Agostino Casaroli wurde 1979 Nachfolger des verstorbenen französischen Kardinalstaatssekretärs Jean Villot. Casaroli war maßgeblich an der Durchführung der von Paul VI. gewollten vatikanischen Ostpolitik beteiligt. 1990 wurde Angelo Sodano zum neuen Staatssekretär bestellt.

Die vielen Kardinalsernennungen Johannes Pauls II. brachten keine großen Überraschungen. Sechs Wochen nach Abschluß des Heiligen Jahres erhielten 44 neue Kardinäle den Purpur. Es war dies das größte Konsistorium der Kirchengeschichte. Sehr selbständig ging Johannes Paul II. bei den Bischofsernennungen vor. Empörung gab es in der holländischen Kirche, als Anfang 1985 die Ernennung des neuen Oberhirten von Den Bosch, des Salesianers Jan ter Schure, den das Bistum nicht haben wollte, erfolgte. Wegen einiger Bischofsernennungen kam 1986 auch in Brasilien beträchtliche Unruhe auf.

In Österreich muckte man auf, als der Papst im August 1986 Hans Hermann Groër zum Erzbischof von Wien ernannte, der nicht der Wunschkandidat der Mehrheit der Priester und Laien war. Viele sahen in dieser Ernennung eine offene Brüskierung Kardinal Königs. Im Jahre 1995 mußte Groër zurücktreten, weil ein ehemaliger Schüler ihn wegen sexuellen Mißbrauchs beschuldigt hatte. Als 1998 neue schwere Vorwürfe aufkamen, wurde Groër in ein Nonnenkloster nach Deutschland verbannt. Am 24. März 2003 starb er in einem Krankenhaus in Wien. Beinahe zu einem Aufruhr kam es, als Anfang März 1987 der Regensburger Professor Kurt Krenn als Weihbischof nach Wien berufen wurde. 1991 wurde Krenn zum Bischof von St. Pölten bestellt. Im Jahre 2004 bekam Krenn wegen homophiler Sex-Affären im Priesterseminar in der Person des Vorarlberger Bischofs Klaus Küng einen Apostolischen Visitator. Krenn mußte anschließend zurücktreten und Küng folgte ihm als Bischof nach. Der Posener Erzbischof Paetz mußte wegen homosexueller Beziehungen zu Seminaristen ebenfalls zurücktreten.

Die Vorgänge rund um die Wahlen und Ernennungen der Erzbischöfe von Köln und Salzburg Ende 1988 waren ebenfalls spektakulär. Um die vom Papst bzw. vom Heiligen Stuhl forcierten Kandidaten durchzudrücken, wurde bis an den Rand einer Konkordatsverletzung gegangen und ein staatskirchenrechtlicher Konflikt in Kauf genommen.

Schlagzeilen machte im Jahre 1990 die Ernennung von Wolfgang Haas zum Bischof von Chur. Der umstrittene Bischof wurde vom Großteil der Bevölkerung seines Bistums nicht akzeptiert. Ende 1997 wurde er schließlich in die eigens für ihn geschaffene Erzdiözese Liechtenstein wegbefördert.

Johannes Paul II. griff auch ziemlich direkt in die Belange der Orden ein, wenn deren Haltung nicht seiner Meinung entsprach. So ernannte er 1982 den 82jährigen Paolo Dezza zum päpstlichen Delegaten und zum vorübergehenden Leiter der Jesuiten. Bekannt war die Vorliebe des Papstes für eher konservative Orden oder kirchliche Gemeinschaften wie etwa das Opus Dei, die Focolarini, Communione e liberazione, Legio Mariae, die Neokatechumenalen und die Legionäre Christi.

Mutig ließ der Papst auch Theologen maßregeln, die abweichende Lehren verkündeten. Hans Küng hatte in seinen Veröffentlichungen die Unfehlbarkeit des Papstes bezweifelt. Daher wurde ihm 1979 die kirchliche Lehrerlaubnis entzogen. 1985 bezeichnete die Glaubenskongregation in einer Erklärung verschiedene theologische Äußerungen des Befreiungstheologen Leonardo Boff in seinem Buch *Kirche: Charisma und Macht* als unvereinbar mit der kirchlichen Lehre. Großes Aufsehen erregte vor allem in deutschsprachigen Ländern ein Artikel des *Osservatore Romano* vom 26. Februar 1985, der mit ungewohnt harten Worten das zwei Jahre vorher erschienene Buch von Karl Rahner und Heinrich Fries *Einigung der Kirchen – reale Möglichkeit* angriff. Im September 1986 verurteilte die Glaubenskongregation neuerlich die Thesen zum Priesteramt des in den Niederlanden lehrenden Theologen Eduard Schillebeeckx. Im Juli 1986 entzog dieselbe Kongregation dem 52jährigen, an der katholischen Universität von Washington tätigen Moraltheologen Charles Curan die Lehrerlaubnis.

Als Reaktion auf diese Maßnahmen unterzeichneten 163 Theologen aus dem deutschsprachigen Raum am Dreikönigstag 1989 die Kölner Erklärung *Wider die Entmündigung –*

Für eine offene Katholizität. Mehr als 130 Theologen aus Frankreich, der Westschweiz und aus Wallonien stellten sich im März 1989 hinter die Anliegen der *Kölner Erklärung.* 63 italienische Professoren beanstandeten im Mai 1989 den autoritären Stil in der Katholischen Kirche. Im Juni 1990 unterstrich die *Instruktion über die kirchliche Berufung des Theologen* den Vorrang des kirchlichen Lehramtes vor der Freiheit der Theologen. Auf Grund seiner Bibelauslegung verlor Eugen Drewermann 1991 die kirchliche Lehrerlaubnis, dann folgten Predigtverbot und die Suspension vom Priesteramt. Aufsehen erregte im Jahre 1995 die Absetzung des Bischofs Jacques Gaillot von Evreux in Frankreich mit der offiziellen Begründung, der Bischof habe nie Ratschläge für die Art und Weise, das Bischofsamt in lehramtlicher und pastoraler Einheit mit der Kirche auszuüben, berücksichtigt. Verziehen hatte der Papst dem reumütigen Erzbischof Emmanuel Milingo die Hochzeit mit der 43jährigen südkoreanischen Ärztin Maria Sung im Jahre 2001.

Ein großes Anliegen des Papstes war die Jugend. Er mochte die jungen Leute und die jungen Leute mochten ihn. Im Jahre 1993 besuchte Johannes Paul II. erstmals in Denver in den USA ein Weltjugendtreffen. Die amerikanische Jugend war fasziniert vom Papst und für die Medien war er der Superstar. Ein Höhepunkt im Jubeljahr 2000 war das 15. Weltjugendtreffen Mitte August mit annähernd zwei Millionen Jugendlichen in der Ewigen Stadt. Unumstrittener Star des 17. Weltjugendtages 2002 in Kanada war wieder der Papst, der sich vom 23. bis zum 29. Juli dort aufhielt. Ein vielfacher Ruf der Jugendlichen lautete: „John Paul two – we love you". Der Papst antwortete: „Pope John Paul – loves you all".

Immer wieder betonte Johannes Paul II. auch das Bemühen um die Einheit der Christen. Im Dezember 1983 stattete er der lutherischen Gemeinde in Rom in deren Kirche einen Besuch ab. Johannes Paul war auch besonders bemüht, die Beziehungen zu den Juden zu verbessern. Schlagzeilen machte er am 13. April 1986 mit dem Besuch der römischen Synagoge. Mit Recht haben damals Kommentatoren geschrieben, daß diese kurze Reise des Papstes vielleicht sein längster Weg war. 1995 legte der Papst sein 12. Lehrschreiben *Ut unum sint* vor, in welchem er die Forderungen des Zweiten Vatikanischen

Konzils nach Einheit aller Christen erneuerte und dazu aufrief, nach einem neuen Modell des Papsttums zu suchen. Der Lutherische Weltbund begrüßte diese Enzyklika zur Ökumene als Hoffnungszeichen für die Einheit aller Christen. Ein Großereignis fand am 31. Oktober 1999 in Augsburg statt, als der Lutherische Weltbund und die katholische Kirche die *Gemeinsame Erklärung zur Rechtfertigung* unterzeichneten.

Heftige internationale Proteste löste das Dokument *Dominus Jesus* aus, das die Glaubenskongregation im Jahre 2000 veröffentlichte. Der von Papst Johannes Paul II. ausdrücklich gebilligte Text lehnte alle Tendenzen ab, die „die Unterschiede zwischen dem Christentum und anderen Religionen einzuebnen“ suchen. 2003 unterzeichnete Johannes Paul II. seine 14. Enzyklika *Ecclesia de Eucharistia*, welche die Lehre der Kirche über die Eucharistie darlegt. In diesem Schreiben betonte der Papst das Verbot der Abendmahlgemeinschaft von Katholiken mit Christen anderer Konfessionen. Die Evangelische Kirche sprach in diesem Zusammenhang von einem ökumenischen Stillstand. In der am 23. April 2004 veröffentlichten Instruktion *Redemptionis Sacramentum* warnte die Glaubenskongregation vor Willkür bei der Eucharistiefeier. Ausdrücklich wurden die Gläubigen aufgerufen „Straftaten gegen den Glauben“ zu melden.

Eines der größten Anliegen des Papstes war der Friede. Für Johannes Paul II. war es typisch, daß er bei allen seinen Erklärungen, die den Frieden betrafen, immer von den Menschenrechten ausging. Mit dem Friedensgebet der Religionen in Assisi am 27. Oktober 1986 erreichte das Pontifikat Johannes Pauls II. ohne Zweifel einen Höhepunkt. Was wenige Jahre vorher noch unmöglich schien, wurde damals Wirklichkeit. In der Stadt des hl. Franziskus traf sich das Oberhaupt der katholischen Kirche mit über 150 Vertretern von 33 christlichen Kirchen und internationalen kirchlichen Zusammenschlüssen sowie Delegationen von Juden, Muslimen, Hindus, Buddhisten, Shintos, Sikhs, Parsen und von Naturreligionen, um für den Frieden in der Welt zu beten. Wiederholt richtete der Papst 1994 eindringliche Appelle an die internationale Gemeinschaft, alles für einen gerechten Frieden in Bosnien-Herzogowina zu tun. Im Jahre 1995 billigte er allerdings die Intervention zum Schutz der Zivilbevölkerung in Serbien.

Vehement warnte Johannes Paul II. 2003 vor einer Tragödie des Krieges im Irak und nahm dabei auch Spannungen mit den USA in Kauf. 2004 appellierte der Papst eindringlich an die internationale Gemeinschaft, in der sudanesischen Darfur-Region, Schauplatz von ethnischen Säuberungen, einzugreifen.

Kein Papst in der Geschichte ist so weit und so oft gereist wie Johannes Paul II. Ja, man kann sagen, daß sein Pontifikat gerade von den Reisen rund um den Erdball geprägt war. Dabei schlug ihm beinahe überall ungeteilte Begeisterung entgegen. Die zehntägige Reise des Papstes in sechs afrikanische Länder vom 2. bis 12. Mai 1980 war eine regelrechte „Ochsentour", wie ein Journalist sie genannt hat. Hunderttausende von Menschen wollten den Papst sehen. Kein Wunder, daß es bereits bei dem Massenandrang in Zaïre einige Tote gab. Starke Akzente setzte der Papst 1996 bei seinem ersten Besuch im vereinigten Deutschland sowohl mit der Seligsprechung der zwei NS-Gegner Karl Leisner und Bernhard Lichtenberg als auch mit seinem symbolischen Gang durch das Brandenburger Tor an der Seite von Bundeskanzler Helmuth Kohl. Die einwöchige Reise ins Heilige Land vom 20. bis zum 26. März 2000 war für Johannes Paul II. ein weiterer Höhepunkt seines Pontifikats. Mit seiner 104. Auslandsreise am 15. August 2004 nach Lourdes rührte der von den Folgen der Parkinson-Krankheit schwer gezeichnete Papst Bewunderer und Kritiker. Ein Papstbesuch in Moskau blieb allerdings nur ein Wunsch. Die vielen Reisen des Papstes wurden aber zunehmend auch kritisiert. Manche glaubten, daß es nicht zu den vorrangigen Aufgaben des Papstes gehöre, in der bisher praktizierten Art und Weise um die Erde zu jagen. „Manche sagen, der Papst reise zuviel", vertraute Johannes Paul II. einmal selbst dem *Osservatore Romano* an. Darauf gab er dann die Antwort: „Ich glaube, vom menschlichen Standpunkt aus gesehen haben die Leute recht. Aber es ist die Vorsehung, die uns leitet und uns manchmal eingibt, etwas im Übermaß zu tun."

Weltweites Aufsehen und große Betroffenheit erregte der Anschlag vom 13. Mai 1981 auf Johannes Paul II. Während der Generalaudienz fuhr der Papst, wie immer im offenen Wagen, durch die Menge und pflegte engen Kontakt mit den Menschen, die ihn umjubelten. Wenige Sekunden nachdem er ein Kind hochgehoben und dann seinen Eltern wieder zurückgegeben hatte, trafen ihn die Kugeln des Türken Ali Agça. In den Armen seines Sekretärs brach er zusammen. Die Nachricht vom feigen Attentat verbreitete sich blitzschnell auf der ganzen Welt und löste überall Bestürzung und Entrüstung aus. Noch am selben Tag wurde Johannes Paul II. in der römischen Klinik Gemelli fünf Stunden lang operiert. Am 4. Oktober 1981 schritt er wieder die Stufen des Petersdomes herab und schüttelte erneut Hände, streichelte Kinder und beugte sich über Kranke. Seinen Stil hatte er seit damals kaum geändert, nur sein Lächeln war nicht mehr so wie früher.

Um die Gesundheit des Papstes machte man sich im Juli 1992 Sorgen, da er wegen eines Geschwürs am Dickdarm operiert werden mußte. Weitere Operationen und Krankenhausaufenthalte folgten. Seit 2003 war der seit langem an Parkinson leidende Papst gezwungen, den Rollstuhl benützen. Spekulationen um einen gesundheitsbedingten Rücktritt setzte Johannes Paul II. ein Ende, indem er erklärte, er werde nicht in Pension gehen, „weil es keinen Platz für pensionierte Päpste gibt" und „auch Christus sei ja nicht vom Kreuz gestiegen".

Mitte Oktober 2003 wurde im Vatikan vier Tage lang das 25jährige Papstjubiläum gefeiert. Auch die Seligsprechung von Mutter Teresa am 19. Oktober 2003 war Teil dieser Jubiläumsfeierlichkeiten. Nach Pius IX. (1846–1878) erreichte Johannes Paul II. die zweitlängste Amtszeit aller Päpste. Am 24. Februar 2005 wurde er in der römischen Gemelli-Klinik an der Luftröhre operiert. Obwohl sich der Vatikan bemühte, die Gemüter über den Gesundheitszustand des Papstes zu besänftigen, trat nach seiner Entlassung aus dem Krankenhaus eine fortschreitende Verschlechterung ein. Erstmals in seinen 26 Amtsjahren konnte Johannes Paul II. nicht an den Osterzeremonien teilnehmen. Der Segen Urbi et Orbi erfolgte ohne Worte. Ende März erreichte der Papst auf seinem Leidensweg eine neue Etappe: Er mußte mit einer Magensonde künstlich ernährt werden. Zudem scheiterte am 30. März sein verzweifelter Versuch, wenigstens ein paar Worte zu den vielen Gläubigen auf dem Petersplatz zu sprechen. Am 31. März verschlechterte sich sein Zustand dramatisch. Nach einer Harnwegsinfektion erlitt er einen septischen Schock und einen Herz-Kreislauf-Kollaps.

Am 2. April 2005 um 21.37 ist Johannes Paul II. gestorben. Einer seiner letzten Sätze lautete: „Ich bin froh, seid ihr es auch." Keine andere Person der Weltgeschichte starb je so öffentlich wie dieser Medienpapst. Noch als Toter brach Johannes Paul alle Rekorde. Millionen von Trauergästen trugen am 8. April den Verstorbenen zu Grabe. Über 200 Staats- und Regierungschefs nahmen am Petersplatz an der ergreifenden Zeremonie teil. Milliarden von Menschen in der ganzen Welt sahen die Totenmesse im Fernsehen. Es war das größte Begräbnis aller Zeiten. Während der schlichten Ansprache von Kardinal Ratzinger brandete wiederholt Beifall auf. Ganz besonders als er sagte: „Wir können sicher sein, jetzt steht Johannes Paul am Fenster des Hauses des Vaters und segnet uns." Viele hielten Spruchbänder, auf denen zu lesen war: „Santo subito", was bedeutet, Johannes Paul II. solle sofort heilig gesprochen werden.

Wo viel Licht ist, sind auch einige Schatten. Innerkirchlich wurde Johannes Paul II. von nicht wenigen Katholiken und Priestern für den Reformstau scharf kritisiert. Die Neuevangelisierung Europas, die sich der Papst nach dem Fall des Kommunismus erhofft hatte, kam nicht voran. In der Ökumene herrschte weitgehend Stillstand. Der Säkularisierungstrend nahm ständig zu. Trotzdem war Johannes Paul II. der Papst der Rekorde und Superlative. Vor allem galt er als der Sieger über den Kommunismus. Seit 1989 geißelte er verstärkt den Kapitalismus und richtete Appelle gegen den Terror. Er wurde nicht müde, für die Würde des Menschen und den Frieden in der Welt einzutreten. Schon zu Lebzeiten hatte man ihn mit dem Titel eines „Großen" ausgezeichnet.

Benedikt XVI. seit 2005

Joseph Ratzinger. Geboren: 16. April 1927 in Marktl am Inn bei Altötting. Gewählt: 19. April 2005.

Die Wahl des neuen Papstes erfolgte nach den Bestimmungen der Apostolischen Konstitution *Universi Dominici Gregis*, die Johannes Paul II. 1996 veröffentlicht hatte. Die wichtigsten Neuerungen dieses Dokumentes betrafen das Wahlsystem und die Unterkunft der Kardinäle. Demnach waren zur gültigen Wahl wie bisher zwei Drittel der Stimmen notwendig. Aber nach 34 erfolglosen Wahlgängen hätte die einfache Mehrheit genügt. Während der Ort des Konklaves weiterhin die Sixtinische Kapelle blieb, wohnten die Kardinäle und ihre Helfer im Hospiz Santa Marta, das unter Johannes Paul II. aufwendig restauriert worden war. Am 18. April 2005 versammelten sich die Kardinäle am Vormittag im Petersdom. Bei der feierlichen Messe *Pro eligendo papa* (Messe zur Papstwahl) hat Joseph Ratzinger als Dekan des Kardinalskollegiums einer Anpassung des Glaubens schon eine klare Absage erteilt. Am Nachmittag zogen dann die Kardinäle vom Apostolischen Palast in die Sixtinische Kapelle, die zuvor auf Abhörgeräte untersucht worden war. Außerdem war dort ein Störsender angebracht worden, der Gespräche mit Handys unmöglich machen sollte. In diesem schönsten Wahllokal der Welt sprachen die Kardinäle zunächst eine Eidesformel und schworen ewige Geheimhaltung über die Abstimmungen. Danach hieß es *Extra omnes* (alle hinaus). Nur die Wahlberechtigten 115 Kardinäle aus 52 Ländern blieben in der Kapelle zurück.

Als Favorit der Konservativen für die Nachfolge von Johannes Paul II. galt Joseph Ratzinger (78), dem, Gerüchten zufolge, schon vor dem Konklave an die 50 Stimmen sicher waren. Allerdings heißt es: „Wer als Papst in das Konklave hineingeht, kommt als Kardinal heraus." Aber es gab in der Geschichte auch immer wieder Ausnahmen. So mancher Kandidat ist als Papst ins Konklave hineingegangen und als Papst herausgekommen. Eine entschieden kleinere Gruppe aus dem progressiven Lager der Kardinäle soll, um Ratzinger zu verhindern, den ehemaligen Erzbischof von Mailand, Carlo Maria Kardinal Martini (78), ins Gespräch gebracht haben. Starke Aufmerksamkeit wurde auch den Kardinälen des spanischen und portugiesischen Sprachraumes zuteil. Große Chancen wurden Oscar Andrés Rodriguez Maradiaga (62), dem Kardinal aus Honduras, eingeräumt, einem Salesianer Don Boscos, der in Innsbruck studiert hat und kaum eine Gelegenheit ausläßt, sich für die Armen und Rechtlosen einzusetzen. Fachleute betonten aber, daß die Kardinäle einen Älteren wählen würden, weil man meinte, 26 Jahre Pontifikat seien wirklich viel gewesen.

Insgesamt gesehen war die Wahl aber völlig offen, man rechnete allerdings mit einem raschen Ergebnis. In der Tat, schon nach 26 Stunden und nach dem vierten Wahlgang endete das größte Konklave der Geschichte mit der Wahl von Ratzinger, der sich Benedikt XVI. nannte. Nach mehr als 480 Jahren wurde wieder ein Papst aus dem deutschsprachigen Raum gewählt. Er ist aber sicherlich nicht deshalb gewählt worden, weil er ein Deutscher ist, sondern weil ihm die Kardinäle zutrauten, die Kirche in dieser Zeit zu leiten. Vom Balkon des Petersdoms winkte Ratzinger der jubelnden Menge zu und sagte: „Ich bin ein einfacher, demütiger Arbeiter im Weinberg des Herrn". In seiner ersten, wegweisenden Predigt im neuen Amt sagte Ratzinger am 20. April, er wolle die Einheit der Christen zum wichtigsten Ziel des Pontifikats machen. Weitere Schwerpunkte seien der Dialog mit den anderen Religionen und der Einsatz für den Frieden in der Welt.

Zeitungen erfanden für ihn schon den Kosenamen „Papa-Ratzi". Sein Bruder Georg kommentierte: „Mir wäre lieber gewesen, es wäre anders gekommen." Die deutsche *Bild*-Zeitung, die sich als Sprachrohr des einfachen Volkes versteht, hatte die stolze Schlagzeile: „Wir sind Papst".

Ratzinger, der über dreißig Bücher veröffentlicht hat, wurden schon zahlreiche internationale Auszeichnungen und Ehrungen zuteil. Durch seine scharfen Analysen der Entwicklungen der modernen Zeit, durch sein sorgsames Wachen über die Rechtgläubigkeit sowie durch seine tiefe Religiosität hat er sich in der katholischen Welt großes Ansehen erworben. Gelegentlich auch als „Panzerkardinal" verschrieen, genießt Ratzinger auch eine „fast mythische Verehrung". Er fasziniert seine Zuhörer mit seinem messerscharfen Intellekt, mit präzisen Formulierungen und seinen druckreifen Reden. Benedikt XVI. wird das Papstamt prägen, aber der Petrusdienst wird auch ihn formen, und Überraschungen werden nicht ausbleiben. Auf die Frage eines Journalisten: „Wie viele Wege gibt es zu Gott?", antwortete Ratzinger noch als Kardinal: „So viele wie es Menschen gibt". Selbst Jugendliche in Deutschland, denen die Einstellung Ratzingers viel zu konservativ war, waren mit seiner Wahl aber einverstanden, weil er zu dem steht, was er sagt. Er ist kein Opportunist wie viele Politiker, sondern authentisch. Ein Jugendlicher brachte es auf den Punkt, als er sagte: „Der Papst ist wie meine Oma. Die sagt auch immer das gleiche, und ich mache es dann anders. Aber eigentlich weiß ich, daß sie recht hat."

Ratzinger kam als drittes Kind des Gendarmeriemeisters Joseph Ratzinger und seiner Ehefrau Maria Peintner in Marktl am Inn, in der bayerischen Diözese Passau, zur Welt. Die Mutter, die Südtiroler Wurzeln hatte, wurde am 8. Januar 1884 in Oberaudorf in Bayern geboren. Aufgewachsen ist Joseph Ratzinger in Tittmoning, Aschau am Inn und in Hufschlag bei Traunstein. In seinem Buch *Aus meinem Leben* schreibt er: „Mein Vater wurde als Gendarm wiederholt versetzt, so daß wir viel auf Wanderschaft waren, bis wir 1937, als er mit sechzig Jahren in Pension ging, das Haus in Hufschlag bei Traunstein beziehen konnten, das dann unsere eigentliche Heimat geworden ist." Ratzinger besuchte das Humanistische Gymnasium in Traunstein.

Als Schüler war Ratzinger ein richtiger Lausbub. Er selbst schreibt von einer „gewissen Tendenz zur Frechheit". Seine Lieblingsfächer waren Griechisch und Latein. Während Johannes Paul II. in seiner Jugendzeit ein begeisterter Sportler war, mochte Ratzinger den Sport nicht. Auch im Zeichnen war er keine „Koryphäe". Eine seiner Leidenschaften war und ist die Musik, obwohl er es im Klavierspielen nie zur Fingerfertigkeit seines Bruders Georg, dem späteren Leiter der Regensburger Domspatzen, brachte. Nachdem Joseph Ratzinger 1944 zum Reichsarbeitsdienst einberufen worden war, geriet er 1945 in Kriegsgefangenschaft und verbrachte einige Zeit in einem Lager bei Ulm. Anschließend trat er in das Freisinger Priesterseminar ein. Ab 1947 studierte er Theologie an der Universität München und 1951 wurde er, zusammen mit seinem Bruder Georg, von Kardinal Faulhaber im Freisinger Dom zum Priester geweiht.

Nach einem Kaplansjahr in Bogenhausen wurde er Dozent in Freising. 1953 promovierte er in München mit der von Gottlieb Söhngen betreuten Arbeit *Volk und Haus Gottes in Augustins Lehre von der Kirche* zum Dr. theol. In München legte er 1957 auch seine Habilitationsschrift vor, die sich mit der *Geschichtstheologie des hl. Bonaventura* beschäftigte. Allerdings wurde diese Arbeit vom Koreferenten Michael Schmaus wegen ihrer Modernität zunächst zurückgewiesen. Augustinus, Bonaventura und später auch Henri de Lubac haben das Denken Ratzingers entscheidend geprägt. Diese Art Theologie zu betreiben führte später auch zu Kontroversen mit Hans Küng, Karl Rahner, Johann Baptist Metz und Walter Kasper.

Nachdem Ratzinger 1958 als Professor für Dogmatik in Freising unterrichtet hatte, übersiedelte er 1959 nach Bonn, wo er Fundamentaltheologie lehrte. Dort lernte er den Kölner Kardinal Josef Frings kennen, der ihn als theologischen Berater zum Zweiten Vatikanum nach Rom mitnahm. Gegen Ende der ersten Sitzungsperiode wurde Ratzinger zum offiziellen Konzilstheologen ernannt. Damals zählte er zu den Stürmern unter den Theologen. Diese Haltung sollte sich aber bald ändern. Er selbst schreibt: „Wenn ich nach der Heimkehr von der ersten Konzilsperiode noch von dem Gefühl des freudigen Aufbruchs ganz getragen wurde, das überall herrschte, so wurde ich von der Veränderung des kirchlichen Klimas, die immer offenkundiger wurde, tief beunruhigt." Anschließend war Ratzinger Professor für Dogmatik in Münster und Tübingen.

Wegen zermürbender Auseinandersetzungen verließ er 1969 Tübingen und zog nach Regensburg. In seinem Buch *Aus meinem Leben* schreibt Ratzinger über Tübingen: „Fast schlagartig änderte sich das Paradigma … Der Existenzialismus zerfiel, und die marxistische Revolution zündete in der ganzen Universität, erschütterte sie in ihren Grundfesten." Am 25. März 1977 wurde Ratzinger als Nachfolger von Julius Döpfner zum Erzbischof von München und Freising ernannt. Noch im selben Jahr am 27. Juni kreierte ihn Papst Paul VI. zum Kardinal. Am 25. November 1981 nominierte ihn Papst Johannes Paul II. zum Präfekten der Glaubenskongregation.

Als Hüter des Glaubens verurteilte er 1983 die lateinamerikanische Theologie der Befreiung. Besonders dem Theologen Leonardo Boff aus Brasilien warf er vor, dem gottlosen Marxismus anheim gefallen zu sein. Im Streit um die Schwangerenberatung brachte er die deutschen Bischöfe auf römischen Kurs. Besonders Bischof Franz Kamphaus von Limburg geriet im Jahre 2000 in einen schweren Konflikt mit Rom, weil er die Schwangerenkonfliktberatung in der Kirche behalten wollte. Ärger zog sich Ratzinger zu, als er gegen die sog. „Homo-Ehe" zu Felde zog. Für scharfe Debatten sorgte er mit der von ihm verfaßten Erklärung *Dominus Jesus* im Jahr

2000, in der er die besondere Stellung der katholischen Kirche betonte.

Die nachkonziliare Kirche hat Ratzinger einmal mit einer Baustelle verglichen, an der jeder nach seinem Geschmack herumarbeite, weil der Bauplan verloren gegangen sei. Im Unterschied zum italienischen Kardinal Martini zeigte er wenig Sympathie für den Wunsch nach einem Dritten Vatikanischen Konzil. In seiner Meditation zum Karfreitag 2005 beklagte er, daß die Kirche wie ein sinkendes Boot sei, und daß es in ihr „viel Schmutz“ gebe.

Beträchtliches Aufsehen erregte Ratzinger allerdings, als er bei der Beerdigung von Johannes Paul II. am 8. April Frère Roger Schutz, Protestant und Gründer der Gemeinschaft von Taizè, die Kommunion reichte. 2002 wurde Ratzinger zum Dekan des Kardinalskollegiums gewählt. In Rom war er auch Mitglied vieler Institutionen der römischen Kurie. Von 1986 bis 1992 war er Vorsitzender der Kommission zur Erstellung des *Katechismus der Katholischen Kirche*.

An die Südtiroler Wurzeln scheint sich Ratzinger gerne zu erinnern, denn seit den siebziger Jahren hat er mit seinen Geschwistern Georg und Maria regelmäßig Urlaub in Brixen gemacht. In Brixen entstand auch das Buch *Zur Lage des Glaubens. Ein Gespräch mit Vittorio Messori*, das 1984 herausgekommen ist. Ratzingers Schwester Maria hat über Jahrzehnte seinen Haushalt geführt. Seit 14 Jahren besorgt diese Aufgabe Ingrid Stampa, die viele Jahre als Professorin an der Musikhochschule in Hamburg tätig war. Sie übersetzte auch einige Bücher Ratzingers ins Deutsche. Stampa hat sich schon auf ein ruhiges Leben gefreut, da sich Ratzinger mit dem Gedanken trug, in Pension zu gehen und weitere Bücher zu schreiben. Doch es kam anders. Noch vor dem Abendessen, zu dem sich die Kardinäle kurz nach der Wahl im Gästehaus Santa Marta trafen, soll Ratzinger zu ihr gekommen sein und gesagt haben: „Gott hat es so gewollt. Laß uns beide dem Willen Gottes folgen.“

Wie Ratzinger bei der ersten Generalaudienz am 27. April betonte, habe er den Namen Benedikt (der Gesegnete) gewählt, weil er sich seinem Vorgänger Benedikt XV. (1914–1922) verbunden fühle. Dieser Papst, der sich mit dem Ersten Weltkrieg konfrontiert sah, ist als Friedenspapst in die Kirchengeschichte eingegangen. Nach ihm sollte an die Stelle der materiellen Gewalt der Waffen die moralische Macht des Rechts treten. Benedikt XV. ist auch als großer Missionspapst in die Kirchengeschichte eingegangen. Mit seiner Enzyklika *Maximum illud* von 1919 hat er einer eurozentrischen Sicht der Kirche eine Absage erteilt. Die Missionare sollten den Völkern nicht Kolonialismus, sondern das Reich Gottes predigen. Benedikt XV. hat auch für eine innerkirchliche Beruhigung gesorgt, indem er sich gegen die Ketzerriecherei und Hexenjagd wandte, die im Zusammenhang mit der Modernismusbekämpfung unter Pius X. erfolgt war.

Als Wappen hat Papst Benedikt XVI. weitgehend jenes übernommen, das er schon als Erzbischof von München hatte. Es enthält den Freisinger Mohren, den vom hl. Korbinian gezähmten Bären sowie eine Muschel. Der Mohr, von dem man nicht genau weiß, was er bedeutet, ist für Ratzinger Ausdruck für die Universalität der Kirche. Der Bär, der nach der Legende auf der Reise nach Rom das Maultier des hl. Korbinian zerfleischte, mußte anschließend zur Strafe das Gepäck tragen. Für Ratzinger, der eigentlich ein Gelehrter bleiben wollte, bedeutete der Bär mit dem Bündel die Last des bischöflichen Dienstes. Die Muschel ist zunächst ein Zeichen der Pilgerreise auf Erden. Sie erinnert aber ganz besonders auch an Augustinus. Während der Kirchenvater, so die Legende, über das Geheimnis der Trinität nachdachte, sah er ein Kind, das mit einer Muschel das Meer in eine Grube schöpfen wollte. Damit wurde dem Kirchenvater gesagt: Wie die Grube nicht das Wasser des Meeres fassen kann, so kann auch unser Verstand die Geheimnisse Gottes nicht begreifen. Im Unterschied zu den früheren Päpsten hat das Wappen Benedikts XVI. eine Mitra statt der Tiara und im unteren Teil das Pallium, das das Hirtenamt symbolisiert.

Als Benedikt XVI. am 7. Mai von der Lateranbasilika Besitz ergriff und damit als Bischof von Rom sein Amt antrat, sagte er: „Der Papst ist nicht ein absoluter Souverän, dessen Denken und Wollen Gesetz sind. Er darf nicht seine eigenen Ideen verkünden, sondern muß sich selbst und die Kirche an den Gehorsam gegenüber dem Wort Gottes binden, gegenüber allen Versuchen der Anpassung und Verwässerung, wie auch gegenüber jedem Opportunismus".

Mit einer Überraschung wartete er bei der römischen Klerusversammlung am 13. Mai auf, als er erklärte, der Seligsprechungsprozeß für Johannes Paul II. soll sogleich eingeleitet werden. Zugleich ernannte er den Erzbischof von San Francisco, William Joseph Levada, der als konservativer Pragmatiker gilt, zum Leiter der Glaubenskongregation. Am 14. Mai wurden erstmals unter dem neuen Pontifikat zwei Seligsprechungen vorgenommen. Der Papst hatte die Zeremonie schon im Vorfeld an Kardinal José Saraiva Martins delegiert. Anders als sein Vorgänger will er nur noch Heiligsprechungen selbst vornehmen. Das war die erste wichtige Änderung, die Benedikt XVI. seit seiner Wahl eingeführt hat.

Am 28. Mai 2005 begann der angekündigte Seligsprechungsprozeß für Johannes Paul II. Benedikt XVI. hatte eigens das Kirchenrecht außer Kraft gesetzt, das eine fünfjährige Wartezeit nach dem Tod eines Kandidaten vorsieht. Dadurch wollte er eine schnellstmögliche Seligsprechung seines im April 2005 verstorbenen Vorgängers erreichen.

Gedenkplakette Papst Benedikt XVI. anläßlich des Weltjugend-tages 2005 in Köln

Quellen- und Literaturverzeichnis

Andreotti G., Meine sieben Päpste, Freiburg/Br. 1982.
Archivum Historiae Pontificiae, Rom 1963 ff.
Arnaldi G. (Hg.), Enciclopedia dei papi, Rom 2000.
Caspar E., Geschichte des Papsttums. Von den Anfängen bis zur Höhe der Weltherrschaft, 2 Bde., Tübingen 1930–1933.
De Waal A., Roma Sacra. Die ewige Stadt in ihren christlichen Denkmälern und Erinnerungen alter und neuer Zeit, München 1905.
Del Re N., La Curia Romana, Lineamenti storico-giuridici, Rom 3. Aufl. 1970.
Denzler G. (Hg.), Päpste und Papsttum, Stuttgart 1971 ff.
Denzler G., Das Papsttum. Geschichte und Gegenwart, München 1997.
Falconi C., I Papi del ventesimo secolo, Mailand 1967.
Fuhrmann H., Die Päpste. Von Petrus zu Johannes Paul II., München 1998.
Gelmi J., Die Päpste in Lebensbildern, Graz 2. völlig neu bearbeitete Aufl. 1989.
Gelmi J., Die Päpste in Lebensbildern, Augsburg 2003.
Gelmi J., Die schönsten Papst-Anekdoten. Von Petrus bis Johannes Paul II., Innsbruck 2. Aufl. 2004.
Gnilka J., Petrus und Rom. Das Petrusbild in den ersten zwei Jahrhunderten, Freiburg/Br. 2002.
Granfield P., Das Papsttum. Kontinuität und Wandel, Münster 1984.
Gregorovius F., Geschichte der Stadt Rom im Mittelalter, Neuausgabe, München 1978.
Greschat M. (Hg.), Das Papsttum, 2 Bde., Stuttgart 1985, Nachdruck Stuttgart 1993.
Greschat M.-Guerriero E. (Hgg.), Storia dei papi, Mailand 1994.
Haidacher A., Geschichte der Päpste in Bildern, Heidelberg 1965.
Haller J., Das Papsttum. Idee und Wirklichkeit, 5 Bde., Neudruck Urach 1962.
Hebblethwaite P., Wie regiert der Papst? Zürich 1987.
Heiler F., Altkirchliche Autonomie und päpstlicher Zentralismus, München 1941.
Helbling H., Politik der Päpste. Der Vatikan im Weltgeschehen 1958–1978, Berlin 1981.
Hergemöller B. U., Die Geschichte der Papstnamen, Münster 1980.
Hertling L. – Kirschbaum E., Die römischen Katakomben und ihre Märtyrer, Wien 2. Aufl. 1955.
Hospital J., Drei Päpste. Pius XII., Johannes XXIII. und Paul VI., Wien 1971.

I papi del ventesimo secolo, Cinisello Balsamo (Mailand) 1990.
Jedin H. (Hg), Handbuch der Kirchengeschichte, 7 Bde., Freiburg i. Br. 1962–1979.
Jedin H., Kleine Konzilsgeschichte, Freiburg i. Br. 2. Aufl. 1979.
Kovács E., Der Pabst in Teutschland. Die Reise Pius' VI. im Jahre 1782, Wien 1983.
Kelly J. N. D., Reclams Lexikon der Päpste, Stuttgart 1988.
Kempf F., Papsttum und Kaisertum bei Innozenz III., Rom 1954.
Klausnitzer W., Der Primat des Bischofs von Rom. Freiburg i. Br. 2004.
Knopp G., Vatikan. Die Macht der Päpste, München 1997.
Kramer von Reisswitz C., Die Papstmacher. Kardinäle und Konklave, München 2001.
Laboa J. M., I papi del novecento, Mailand 2000.
Ladner G., Die Papstbildnisse des Altertums und des Mittelalters, 2 Bde., Rom 1941–1970.
Lapide P. E., Rom und die Juden, Freiburg i. Br. 1967.
Lehnert M. P., Ich durfte ihm dienen, Würzburg 1982.
Lenzenweger J. (Hg.), Geschichte der katholischen Kirche. Ein Grundkurs, Graz 3. Aufl. 1995.
Levillain Ph. (Hg.), Dizionario storico del papato, 2 Bde., Mailand 1996.
Lexikon der Päpste und des Papsttums, Redaktion: Steimer B., Freiburg i. Br. 2001.
Menozzi D., I papi del '900, Florenz 1986.
Mirbt C.-Aland K. (Hgg.), Quellen zur Geschichte des Papsttums und des römischen Katholizismus, Tübingen 6. Aufl. 1967.
Mollat G., Les Papes d'Avignon, 1305–1378, Paris 1964.
Pallenberg C., Die Finanzen des Vatikans, Augsburg 1968.
Paravicini Bagliani A., Der Leib des Papstes. Eine Theologie der Hinfälligkeit, München 1997.
Pastor L. v., Geschichte der Päpste seit dem Ausgang des Mittelalters, 16 Bde., Freiburg i. Br. 12. Aufl. 1955–1961.
Poupard P., Wozu ein Papst? Von Petrus zu Johannes Paul II., Paderborn 1982.
Ranke L., Die römischen Päpste in den letzten vier Jahrhunderten, Berlin 1834–1836, Neuausgabe Wiesbaden 1957.
Repgen K. (Hg.), Hubert Jedin. Lebensbericht, Mainz 1984.
Rhodes A., Der Papst und die Diktatoren. Der Vatikan zwischen Revolution und Faschismus, Wien 1980.
Reuter A., Summa Pontificia. Lehren und Weisungen der Päpste durch zwei Jahrtausende, 2 Bde., Abensberg 1978.

Rogier L. J.-Aubert R. (Hgg.), Geschichte der Kirche, 5 Bde., Einsiedeln 1963–1973.
Saba A. – Castiglioni C., Storia dei Papi, 2 Bde., Turin 1966.
Schambeck H. (Hg.), Pius XII. zum Gedächtnis, Berlin 1977.
Schatz K., Der päpstliche Primat. Seine Geschichte von den Ursprüngen bis zur Gegenwart, Würzburg 1990.
Schatz K., Allgemeine Konzilien. Brennpunkte der Kirchengeschichte, Paderborn 1997.
Schellhorn H., Der heilige Petrus und seine Nachfolger, Wien 2. Aufl. 1982.
Schimmelpfennig B., Das Papsttum. Grundzüge seiner Geschichte von der Antike bis zur Renaissance, Darmstadt 1984.
Schmidlin J., Papstgeschichte der neuesten Zeit, 4 Bde., München 2. Aufl. 1933–1939.
Stadler H., Hermes Handlexikon. Päpste und Konzilien, Düsseldorf 1983.
Schwaiger G., Geschichte der Päpste im 20. Jahrhundert, München 1968.
Schwaiger G., Päpstlicher Primat und Autorität der Allgemeinen Konzilien im Spiegel der Geschichte, München 1977.
Schwaiger G., Papsttum und Päpste im 20. Jahrhundert. Von Leo XIII. zu Johannes Paul II., München 1999.
Seppelt F. X. – Schwaiger G., Geschichte der Päpste. 5 Bde, München 2. Aufl. 1954–1959.
Seppelt F. X. – Schwaiger G., Geschichte der Päpste. Von den Anfängen bis zur Gegenwart, München 1964.
Tardini D., Pius XII. Als Oberhirte, Priester und Mensch, Freiburg i. Br. 1961.
Theologische Realenzyklopädie, Berlin-New York 1977 ff.
Ullmann W., Die Machtstellung des Papsttums im Mittelalter. Ideen und Geschichte, Graz 1960.
Ullmann W., Kurze Geschichte des Papsttums im Mittelalter, Berlin 1978.
Winkler B. G., Das Papsttum. Entwicklung der Amtsgewalt von der Antike bis zur Gegenwart, Innsbruck 2002.
Yallop D. A., Im Namen Gottes? Der mysteriöse Tod des 33-Tage Papstes Johannes Pauls I. Tatsachen und Hintergründe, München 1984.
Zimmermann H., Papstabsetzungen des Mittelalters, Graz 1968.
Zimmermann H., Das dunkle Jahrhundert, Graz 1971.
Zimmermann H., Das Papsttum im Mittelalter, Stuttgart 1981.

Alphabetisches Papstregister

Topos plus **Grundwissen Religion**

Informativ – kompetent – objektiv

Ferdinand Dexinger
Der Glaube der Juden
ISBN 3-7867-8474-4

Gottfried Hierzenberger
Der Glaube der Muslime
ISBN 3-7867-8468-X

Gottfried Hierzenberger
Der Glaube der Hindus
ISBN 3-7867-8469-8

Gottfried Hierzenberger
Der Glaube der Buddhisten
ISBN 3-7867-8470-1

Gottfried Hierzenberger
Der Glaube der Chinesen und Japaner
ISBN 3-7867-8471-X

Gottfried Hierzenberger
Der Glaube der alten Griechern und Römer
ISBN 3-7867-8472-8

Topos plus **Grundwissen Religion**

Informativ – kompetent – objektiv

Gerhard Hartmann

Daten der Kirchengeschichte

174 Seiten

ISBN 3-7867-8476-0

Topos plus Taschenbuch

Band 476